我们一起"造"高铁

郑澎　曹文翰　罗蕾　邹杉　编著

西南交通大学出版社
·成都·

图书在版编目(CIP)数据

我们一起"造"高铁 / 郑澎等编著. -- 成都：西南交通大学出版社，2024. 8. -- ISBN 978-7-5643-9944-3

Ⅰ. U292.9-49

中国国家版本馆 CIP 数据核字第 20241RC619 号

Women Yiqi "Zao" Gaotie

我们一起"造"高铁

郑 澎　曹文翰　罗 蕾　邹 杉／**编著**

策划编辑／吴　迪　郑丽娟　李　欣
责任编辑／姜锡伟
封面设计／曹天擎

西南交通大学出版社出版发行

（四川省成都市金牛区二环路北一段 111 号西南交通大学创新大厦 21 楼　610031）

营销部电话：028-87600564　　028-87600533

网址：http://www.xnjdcbs.com

印刷：四川煤田地质制图印务有限责任公司

成品尺寸　170 mm×240 mm
印张　10.25　字数　160 千
版次　2024 年 8 月第 1 版　印次　2024 年 8 月第 1 次

书号　ISBN 978-7-5643-9944-3
定价　49.00 元

前 言

　　高铁，作为人类现代工业文明的代表作，发端于日本，发展于欧洲，而兴盛于中国。

　　世界高铁的发展历程大体可分为四个时段，即酝酿期、探索期、成熟期、发展期。从客观上讲，美国虽然最早开始酝酿修建高铁，但至今未能真正起步；日本、法国、德国高铁经过多年的理论探索与技术实践，各自都取得了可观的历史成就，同时也都走出了一条符合各自国情、路情、民情的发展之路，但由于基础设施、运输体系、管理机制等多种条件和原因的限制，现仍处在探索如何构建高铁网络阶段。与日本、法国和德国相比，中国高铁虽然崛起和发展相对较晚，但通过自主探索原始创新、引进消化吸收再创新和全面自主创新，中国仅用了不到30年的时间就已成为世界上高铁发展速度最快、系统技术最全、集成能力最强、运营里程最长、在建规模最大的国家，并成功建成了世界上高铁运营里程规模最大、运营速度最高、旅行舒适度最好、年发送旅客数量最多、具有完全自主知识产权的现代化高铁网络。

　　从1994年12月22日广深铁路开行"春光号"准高铁到2003年10月11日秦沈客运专线开通，从2007年实现第六次全面大提速到2008年京津城际铁路实现通车，从2010年京沪高铁创造时速486公里的试验最高速到2016年郑徐高铁成功实现世界首次时速420公里交会，中国实现了从"跟随者"到"引领者"的角色转变，走出了一条中国式现代化的高铁崛起之路。中国高铁，从世界首列穿越高寒地区的耐高寒动车组，到穿越戈壁大漠的抗风沙动车组，再到征服世界屋脊的高原内电双源动车组^①，已完成对全国 31 个省（自治区、直辖市）（统计数据暂不包括港、澳、台地区）的全覆盖，截至 2023 年年底，高铁运营总里程已达 4.5 万公里，稳居世界之冠。

奔驰在中国大地上的条条高铁，是中国从"富起来"到"强起来"的时代见证。

作 者

2024 年 4 月

---

① 孙永才.自主创新造就中国高铁"国家名片"[J]. 城市轨道交通研究，2022，25（9）：258-259.

目 录

第一章　中国高铁的十张世界级名片

一、"绿色、智能、安全、人文"的中国高铁运营总里程世界第一：达到 4.5 万公里

高速铁路是中国装备制造业最具代表性的产业之一，在近 30 年的接续发展中，构建起了独具特色的中国高铁产业创新生态系统，不仅实现了高铁技术从零到一的突破，还实现了高铁装备从引进消化吸收再创新到全面自主创新、中国标准、世界领先的成长与蜕变。截至 2023 年年底，中国高速铁路运营总里程已达到 4.5 万公里，约占全球高铁运营里程的 70%。其中：设计时速 300 ～ 350 公里高铁占比约 44%；设计时速 250 公里客运专线占比约 35%；设计时速 200 公里客货共线铁路及城际铁路占比约 21%。根据国家《中长期铁路网规划》（2016—2030），在不远的未来，中国将建成"八纵八横"高速铁路网，其中"八纵"通道包括沿海通道、京沪通道、京港（台）通道、京哈～京港澳通道、呼南通道、京昆通道、包（银）海通道、兰（西）广通道；"八横"通道包括绥满通道、京兰通道、青银通道、陆桥通道、沿江通道、沪昆通道、厦渝通道、广昆通道，"八纵八横"高速铁路网可实现相邻大中城市间 1 ～ 4 小时交通圈、城市群内 0.5 ～ 2 小时交通圈[①]。

二、运营列车试验时速世界第一：486.1 公里

在 2010 年 12 月 3 日京沪高铁运行试验期间，新一代"和谐号"CRH380AL

[①] 国家发改委网. 中长期铁路网规划[EB/OL]. （2016-07-20）[2023-04-16]. https://www.ndrc.gov.cn/xxgk/zcfb/ghwb/201607/W020190905497828820842.pdf.

动车组在京沪高速铁路枣庄至蚌埠间的试验段，创造了时速 486.1 公里运营列车试验速度世界新纪录。2011 年 6 月，京沪高铁正式建成并投入运营，该高铁由北京南站至上海虹桥站，全长 1 318 公里，共设 24 座车站①，设计运行时速为 380 公里，实际运营时速为 350 公里，贯穿北京、天津、河北、山东、安徽、江苏、上海 7 省（直辖市），整体连接环渤海和长三角两大经济区，是世界上一次建成线路最长、标准最高的高速铁路，也是新中国成立以来投资规模最大的建设项目（总投资额超过 2 209 亿元）。② 目前，正在京沪高铁上运行的是由中国自主研发、具有完全自主知识产权的新一代"复兴号"CR400 动车组，最高运行时速为 350 公里，是世界上商业运营速度最快的高铁（表 1.1）。

表 1.1　世界高速列车最高运营时速排名

第一名	中国京沪高铁	最高运营时速 350 公里
第二名	日本新干线高铁	最高运营时速 320 公里
第三名	法国 TGV 高铁	最高运营时速 320 公里
第四名	德国 ICE-3 高铁	最高运营时速 320 公里
第五名	西班牙 AVE 高铁	最高运营时速 310 公里
第六名	韩国 KTX 高铁	最高运营时速 305 公里
第七名	意大利 AGV Italo 高铁	最高运营时速 300 公里
第八名	英国欧洲之星高铁	最高运营时速 300 公里
第九名	沙特高铁	最高运营时速 300 公里
第十名	瑞典 SJ 高铁	最高运营时速 204 公里

① 京沪高速铁路全线共设24座车站，由北向南分别为：北京南站、廊坊站、天津西站、天津南站、沧州西站、德州东站、济南西站、泰安站、曲阜东站、滕州东站、枣庄站、徐州东站、宿州东站、蚌埠南站、定远站、滁州站、南京南站、镇江南站、丹阳北站、常州北站、无锡东站、苏州北站、昆山南站和上海虹桥站。

② 中国政府网. 京沪高铁正成为拉动内需、创新环保的"火车头"[EB/OL]. （2008-12-08)[2023-04-20]. http://www.gov.cn/jrzg/2008-12/08/content_1171820.htm.

三、轮轨试验时速世界第一：605 公里

2011 年 12 月，由青岛四方机车车辆股份有限公司生产的 CRH380AM-0204 综合检测列车，以最高时速 605 公里创造了世界最高轮轨试验速度（表 1.2）。这列试验列车以 CRH380A 创新成果为基础，以更高速条件下安全、可靠运行为首要目标，围绕提升临界速度、牵引能力和降低阻力等，对系统集成、头型、车体和转向架、牵引和制动系统等进行了全面创新，这标志着中国在高速列车前瞻性研究中取得了阶段性重大成果。①

表 1.2　世界高速列车最高时速排名

第一名	中国高速综合检测列车 CRH380AM-0204	最高时速 605 公里
第二名	日本磁悬浮测试列车 L0　Series	最高时速 603 公里
第三名	日本磁悬浮测试列车 MLX01	最高时速 581 公里
第四名	法国 TGV POS 高速列车	最高时速 574.8 公里
第五名	日本磁悬浮测试机车 ML-500	最高时速 515.3 公里
第六名	法国 TGV Altantique 高速列车	最高时速 515.3 公里
第七名	中国上海机场磁悬浮 Transrapid SMT	最高时速 501 公里
第八名	中国 CRH380BL	最高时速 487.3 公里
第九名	中国 CRH380A	最高时速 486.1 公里
第十名	德国 Transrapid 第 7 代磁悬浮列车	最高时速 450 公里

四、世界上单条运营里程最长的高铁：京广高铁

2012 年 12 月 26 日，京广高铁全线开通运营。该高铁由北京丰台站至广州南

---

① 人民网. 中国试验时速605公里高铁 专家称高铁提速大势所趋[EB/OL].（2014-01-19）[2023-04-20]. http://politics.people.com.cn/n/2014/0119/c70731-24161585.html.

站，运营里程 2 291 公里，共设 40 座车站[①]，设计运行时速为 350 公里，是一条连接北京市与广东省广州市的高速铁路，纵贯北京、河北、河南、湖北、湖南、广东 6 个省（直辖市），连接环渤海经济圈、中原经济区、武汉都市圈、长株潭城市群、珠三角经济区，贯穿京津冀协同发展核心区域、中原城市群、长江中游城市群和粤港澳大湾区，是中国客运量最大、车次最多、运输最为繁忙的高速铁路，也是世界上单条运营里程最长的高速铁路。目前，京广高铁已由最初的"和谐号"CRH380A/AL 动车组，更新到"复兴号"CR400AF/BF 动车组。2012—2022 年，京广高铁全线共发送旅客超过 16.9 亿人次。

五、世界上一次性建成里程最长并建在高原和戈壁荒漠地区的高铁：兰新高铁

兰新高速铁路横跨甘肃、青海、新疆 3 省（自治区），线路全线长 1 775.779 公里，其中，甘肃段全长 798.933 公里、青海段全长 266.923 公里、新疆段正线全长 709.923 公里，共设 23 座车站[②]，设计运行时速 250 公里，于 2014 年 12 月 26 日全线贯通。兰新高铁途经烟墩、百里、三十里及达坂城等四大风区，横穿中国海拔最低的吐鲁番盆地和海拔最高的祁连山隧道，是中国首条穿越沙漠大风区的高铁。其中，百里风区、三十里风区的风力最为强劲，部分区段最大速度达 60 米/秒，相当于 17 级风。为此，铁路建设部门在戈壁路段建设了钢筋混凝土挡风墙，在 124 座桥梁路段，安装了由不同尺寸的 H 型钢柱和开孔波形钢板组成的挡风屏，

---

① 京广高速铁路正线共设40座车站。全线由北向南车站依次为：北京西站、涿州东站、高碑店东站、徐水东站（不办理客运业务）、保定东站、定州东站、正定机场站、石家庄站、高邑西站、邢台东站、邯郸东站、安阳东站、鹤壁东站、新乡东站、郑州东站、许昌东站、漯河西站、驻马店西站、明港东站、信阳东站、孝感北站、横店东站（不办理客运业务）、武汉站、乌龙泉东站（不办理客运业务）、咸宁北站、赤壁北站、岳阳东站、汨罗东站、长沙南站、株洲西站、衡山西站、衡阳东站、耒阳西站、郴州西站、乐昌东站、韶关站、英德西站、清远站、广州北站、广州南站。

② 兰新高速铁路全线共设23座车站。其中，甘肃段11个、青海段6个、新疆段6个，分别为兰州西站、民和南站、海东站、海东西站、西宁站、大通西站、门源站、山丹马场站、民乐站、张掖西站、临泽南站、高台南站、清水北站、酒泉南站、嘉峪关南站、玉门站、柳园南站、哈密站、吐哈站、鄯善北站、吐鲁番北站、乌鲁木齐南站、乌鲁木齐站。

风力最为强劲的百里风区核心地带，在路基上拼装了一座长 1.2 公里的防风明洞。这些防风工程和技术的运用，保障了列车的运行安全。

同时，兰新高铁还是世界上首条在高寒风沙区域修建的高速铁路。兰新高铁运营采用 CRH2G 型动车组，该车型具有耐高寒、抗风沙、耐高温、耐高海拔、防紫外线老化等突出特点，能够经受零下 40℃ 至零上 40℃ 的高寒高温。此外，铁路建设部门还在沿途修建了 462 公里挡风墙，确保列车能够在 11 级大风下安全运行。兰新高铁的建成，使新疆与其他地区间形成了一条全天候、大运力的高速铁路客运通道，进一步完善了西部铁路网结构，对促进新丝绸之路经济带建设具有重要意义。2022 年 11 月，兰新高速铁路入选"2022 中国新时代 100 大建筑"名录。

六、世界上首条建造在湿陷性黄土区的高铁：郑西高铁

郑西高速铁路由郑州东站至西安北站，全长 523 公里，共设 10 座车站[①]，设计运行时速为 350 公里，于 2012 年 9 月 28 日全线开通运营，其与郑徐高铁、西宝高铁、宝兰高铁共同构成徐兰高速铁路通道。时速 350 公里等级的郑西高铁是世界上第一条修建在 80% 湿陷性黄土地段上的无砟轨道高速铁路。在研究、设计和建设过程中，针对湿陷性等级高、湿陷性土层厚等世界级工程难题，相关单位自主研发了深层地基变形观测新方法和新装置，提出了湿陷性黄土地区高速铁路工程类型设置的原则，建立了湿陷性黄土地区高速铁路路基沉降控制技术体系，创建了湿陷性黄土地区高速铁路长段落超大断面隧道修建技术，通过桥梁、轨道、站房一体化研究形成了高速通过式高架车站修建技术，在高烈度地震区长联大跨连续梁上创造性研发了新型抗震榫，有效地解决了因纵向地震力堆积制约桥墩结构设计的难题。

[①] 郑西高速铁路全线共设 10 座车站。其中，河南段 7 个、陕西段 3 个，分别为郑州东站、郑州西站、巩义南站、洛阳龙门站、渑池南站、三门峡南站、灵宝西站、华山北站、渭南北站、西安北站。

七、世界上首条建造在严寒地区的高铁：哈大高铁

哈大高速铁路北起哈尔滨西站、南至大连北站，纵贯东北三省，全长 921 公里，共设 22 座车站[①]，设计运行时速为 350 公里，实际运营时速为 300 公里，于 2012 年 12 月 1 日全线开通运营。哈大高铁是中国高寒地区客流量最大、最繁忙、运行里程最长的高速铁路，是"八纵八横"高速铁路网中京哈客运专线的重要组成部分。该高铁主要运营具备高抗寒雪、抗风沙以及抗雷电等特性的高速动车组列车，能够经受零下 40℃ 至零上 40℃ 的巨大温差，主要采用防开裂的双向预应力 CRTS Ⅰ 型板式无砟轨道结构，动车组经由的道岔设置了融雪设施，牵引供电系统设有接触网融冰装置，防灾监控系统设有雪灾监控子系统，是中国国内首条高寒地带客运专线，也是世界首条在严寒地区设计建设标准最高的高速铁路。截至 2022 年 12 月 1 日，哈大高铁累计运送旅客达 6.7 亿人次。

八、世界上首条穿越大型山脉的高铁：西成高铁

西成高速铁路由西安北站至成都东站，全长 658 公里，共设 22 座车站[②]，设计运行时速为 250 公里，于 2017 年 12 月 6 日全线开通运营。该高铁北起西安北站，经鄠邑区进入秦岭山区，沿涝峪而上穿越秦岭，经佛坪、洋县、城固至汉中，跨汉江经南郑、勉县、宁强，过仓山入川，由朝天经广元、剑阁、青川至江油，与成都—绵阳—乐山城际高铁连通，是中国首条穿越隧道群规模最大、穿越连续大长坡道最多的高铁，也是世界上首条穿越大型山脉的高铁。其所穿越秦岭山脉线路总长 135 公里，其中隧道里程 127 公里；全线 10 公里以上特长隧道 7 座，其中最长隧

---

① 哈大高速铁路共设22座车站。由南至北依次为：大连北站、金普站、瓦房店西站、鲅鱼圈站、盖州西站、营口东站、海城西站、鞍山西站、辽阳站、沈阳南站、沈阳站、沈阳北站、铁岭西站、开原西站、昌图西站、四平东站、公主岭南站、长春西站、德惠西站、扶余北站、双城北站、哈尔滨西站。

② 西成高速铁路全线共设22座车站。依次为：西安北站、西安西站、鄠邑站、佛坪站、洋县西站、城固北站、汉中站、宁强南站、朝天站、广元站、剑门关站、青川站、江油北站、江油站、青莲站、绵阳站、罗江东站、德阳站、广汉北站、青白江东站、新都东站、成都东站。

道天华山双线隧道 16 公里；大坡道持续段落长达 46 公里。为满足大坡道运行的要求，西成高铁专门选用了 CRH3A 型动车组，该动车组采用 4 动 4 拖 8 辆编组，车体高 3.9 米、宽 3.3 米，中间车厢长约 25 米，全列定编 613 人，最大输出功率为 5 120 千瓦，最高运营时速为 250 公里。该车型还增加了坡起制动功能，具有快起快停、快速乘降等特点，可满足长大坡道上静止和启动不溜车的具体要求。

九、世界上最长海底高铁隧道：甬舟铁路金塘海底隧道

2022 年 11 月 2 日，甬舟铁路正式开工建设。该铁路为客运专线铁路，西起宁波东站，东至舟山白泉，正线全长 76.4 公里，设计时速 250 公里，全线共设 7 座车站，项目总投资额为 270 亿元，建设工期为 2022—2028 年。其中，金塘海底隧道位于宁波与舟山之间金塘水道下方，西起宁波市鄞州区，东至舟山市金塘镇，铁路海底隧道全长 16.2 公里，隧道最大埋深 78 米，最大水深 39 米，最大水压约 0.85 兆帕，管片外径 14 米，盾构开挖直径达 14.57 米，盾构段总距离为 11.2 公里，是世界上长度最长的海底高铁隧道，也是世界上地质条件最复杂、建设难度最大的海底隧道（图 1.1、图 1.2）。2028 年通车后，按照列车运行时速 200 公里测算，

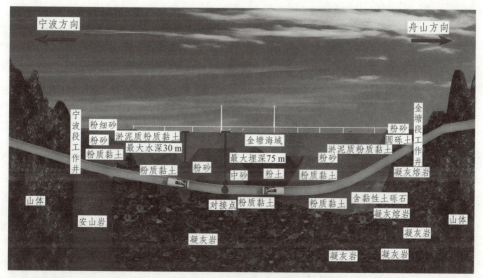

图1.1　金塘海底隧道示意图

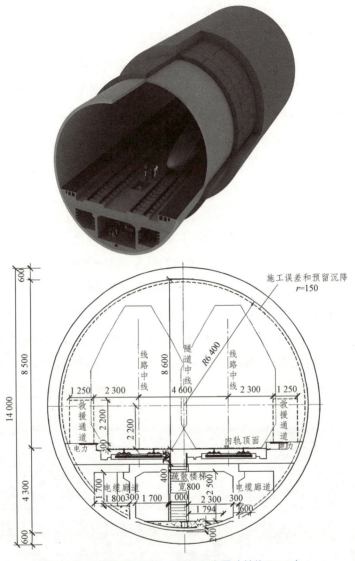

图1.2　金塘海底隧道施工剖面示意图（单位：mm）

通过该隧道时间将不超过5分。换言之，甬舟铁路通车后将彻底结束舟山不通铁路的历史，实现浙江省高铁"1小时交通圈"，将强化宁波和舟山同城化效应，加快宁波、舟山融入"一带一路"和长江经济带，助力浙江舟山群岛新区加快实现"一体一圈五岛群"发展目标。

十、世界上最长高速铁路跨海大桥：杭州湾跨海铁路大桥

2022年11月30日，南通至宁波高铁杭州湾跨海铁路大桥正式开工。该铁路大桥北起嘉兴海盐县武原街道，跨越杭州湾海域，南接宁波慈溪市庵东镇，是世界上第一座强潮海湾、超低阻水率、全埋置式承台基础的高铁跨海大桥（图1.3）。大桥全程跨海总长为29.158公里，设计时速350公里，项目总投资额为178亿元，由北航道桥、中航道桥、南航道桥、海中引桥、浅滩区引桥以及两岸跨海塘引桥构成，属超长大的高速铁路桥梁集群工程。其中，北航道桥采用主跨450米斜拉桥，中航道桥采用主跨为2×448米斜拉桥，南航道桥采用主跨为364米斜拉桥，为世界最大跨度无砟轨道三塔斜拉桥。南通至宁波高铁是中国"八纵八横"高铁网沿海通道的重要组成部分。项目建成后，将与已开通运营的盐城至南通高铁、京沪高铁、沪昆高铁、宁波至台州至温州高铁等多条线路和在建的金华至宁波铁路、江苏南沿江城际铁路等多条线路相连，推动长三角地区路网结构更加完善，对推进长三角一体化发展具有十分重要的意义。

图1.3 杭州湾跨海铁路大桥

第二章　中国高铁发展简史

高速铁路，简称高铁，通常是指设计标准等级高、可供列车安全高速行驶的铁路系统总称。国家铁路局制定的《高速铁路设计规范》（TB 10621—2014），将中国高铁按技术标准定义为：新建设计时速为 250 公里（含）至350 公里（含），运行动车组列车的标准轨距的客运专线铁路。国家发展和改革委员会制定的《中长期铁路网规划》，将中国高铁按路网规划定义为：时速 250公里及以上标准的新线或既有线铁路，和部分时速 200 公里的轨道线路。

由于定义标准不尽相同，因此中国高铁总体上可划分为三大类（表 2.1）：第一类是设计时速为 300 ~ 380 公里的高速铁路，如京沪高铁、京广高铁、郑西高铁、哈大高铁、沪杭高铁、成渝高铁等线路；第二类是设计时速为 200 ~ 250公里的高速铁路，如兰成铁路、西成客专、南广铁路、兰新客运专线等线路；第三类是设计时速为 200 ~ 250 公里的客货共线运行铁路，如沪蓉铁路、青盐铁路、衡柳铁路、津保铁路等线路。

表 2.1　中国高铁的定义

按照技术标准定义中国高铁	
客运	高速铁路线路只承担客运功能，客货铁路和货运铁路不属于技术型高速铁路
时速	高速铁路的基础设施设计时速为 250 公里及以上
车辆	构造时速达到 200 公里级别之上的动车组，非动车组列车和中低速动车组列车不在高铁线运行

续表

系统	CTCS-2 及以上级别的铁路调度控制系统
轨道	高速铁路线路应按照双线电气化铁路标准设计、采用标准重轨铺设，轻轨、宽轨、窄轨和磁悬浮轨道等不属于高铁级线路的范围
单位	由国家铁路局和国家铁路集团有限公司（下属18个铁路局集团有限公司）管理经营，不计城市轨道交通
新线	高铁建设标准只适用于2008年京津城际铁路及以后建成的线路，之前的既有线铁路不属高铁级
按照路网规划定义中国高铁	
线路	以"八横八纵"高级铁路为主干线、其他高级既有铁路和城际铁路等为次支线
时速	铁路基础设施设计时速采用200公里至350公里范围的标准建设
轨道	高铁线路采用标准重轨铺设，轻轨、宽轨、窄轨和磁悬浮轨道等不属于高铁路网范围
单位	由国家铁路局和国家铁路集团有限公司（下属18个铁路局集团有限公司）管理经营，部分市郊铁路除外

　　以技术路线与技术系统、技术来源与研发策略为主要识别对象，可将中国高铁发展历程划分为三个赓续阶段（图2.1）：自主探索的技术积累期（2004年之前）、引进消化吸收再创新的技术引进期（2004—2011年）以及全面自主创新期（2012年至今）。

- 技术路线：自主探索
- 研发策略：模仿国外先进整车经验
- 代表作：内燃动车组：NM1、"庐山"、"新曙光"、"神州"、"金轮"、"普天"号；电力动车组：KDZ1、"春城"、"大白鲨"、"先锋"、"中华之星"
- 时速等级：90公里、120公里、140公里、160公里、180公里、200公里

技术积累期

- 技术路线：引进消化吸收再创新
- 研发策略：以市场换技术
- 代表作：CRH1、CRH2、CRH3、CRH5、CRH380系列
- 时速等级：250公里、300公里、350公里

技术引进期

- 技术路线：全面自主创新
- 研发策略：全面掌握核心技术
- 代表作：CR"复兴号"系列
- 时速等级：160公里、200公里、350公里

全面自主创新期

图2.1　中国高铁的发展历程

第一阶段：自主探索的技术积累期
（2004 年之前）

一、内燃动车组（DMU）的探索与研制

按照动力类型进行分类，高速列车动车组可划分为内燃动车组（DMU）和电力动车组（EMU）两大类。

1956 年，铁道部在《铁路十二年科技发展规划》中明确提出将牵引动力改造作为铁路技术改造的重点，逐步由蒸汽机车转到电力机车和内燃机车。自此，中

国正式启动了内燃动车组的研发和建造。同年 8 月，全国铁道科学工作会议讨论通过了中国首个铁路科技发展规划——《1956—1967 年铁道科学技术发展远景规划》，《规划》指出："目前世界各工业先进国家的运输业，正处在技术改造的高潮中。最近都已经或即将先后停止蒸汽机车的生产，而代之以较为经济和性能优越的柴油机车和电力机车。……各种运输工具都正在朝向加大载重量、减轻自重和提高速度的方向发展。……必须同时解决新型运输工具的构造问题，包括适应新型动力的机车结构，载重大、速度高的列车车辆……"[①]中国铁路从此确定了牵引动力改革的大方向。

1958 年 6 月，铁道部专门成立了内燃动车组专项联合设计组，该设计组主要由青岛四方机车车辆厂、大连机车车辆研究所、集宁机务段和上海交通大学组成，其主要攻关方向是：探索"液力传动装置"和研制"东风型双层摩托列车组"，代号为"NM1"（NM 分别为内燃、摩托的汉语拼音首字母缩写），如图 2.2 所示。1958 年 9 月 22 日，第一组柴油动车组（两台 NM1 型动力车和四台 SK1 型客车）在青岛四方机车车辆厂完成试制。1959 年，列车交付北京铁路局北京内燃机车折返段开始运用试验，担当北京至天津的客运任务，试运行中最高时速达到 90 公里。[②]1960 年 6 月，列车开始在北京近郊铁路线上投入运营，担当北京至琉璃河、长辛店的市郊旅客列车。1961 年，列车组两端的动力机车停止使用，而双层客车被编进新造的 22 型双层客车列车组，配属北京车辆段。1962 年年初，双层客车列车组开始在北京至沈阳的 11/12 次列车上进行为期一年的运用考核，至同年 9 月转配属沈阳铁路局沈阳车辆段。1963 年年初，列车组返回四方机车车辆厂进行厂修和改进。1963 年年底，双层列车组根据铁道部指示转配属上海铁路局杭州车辆段，于 1964 年 1 月开始在沪杭铁路投入服务，担当上海至杭州的 93/94 次旅客列车，1978 年后改为投入浙赣铁路使用，担当杭州—金华—衢州的 221/222 次旅

---

① 中国科技部网. 1956—1967 年科学技术发展远景规划纲要（修正草案）[EB/OL].
（2005-08-31）[2023-06-05]. https://www.most.gov.cn/ztzl/gjzcqgy/zcqgylshg/200508/
t20050831_24440.html.

② 试制成功的东风型柴油动车组于 1959 年年初被交付给北京铁路局北京内燃机务段，投入到京津铁路试用，但是，在允许最高运行时速为 160 公里的京津铁路上，动车组的最高运行时速始终没有超过 90 公里，而当时预想其至少可以达到 100 公里的编组运行时速。

客列车[①]。作为中国铁路的第一代双层客车，NM1 型动力车由于在设计试制过程中缺乏经验，存在较多问题，例如客舱通风不良、夏季车内温度太高、车体漏水导致电气绝缘性能下降、车体钢结构腐蚀严重等，1982 年 6 月 15 日，正式停运报废。[②]

图2.2　东风型内燃车组NM1型动力车

作为拖车的 SK-1 型双层客车是中国铁路史上第一型双层客车（S 代表双层，K 代表客车），列车采用了当时最新型的 202 型 D 轴转向架，固定轴距为 2400 毫米，如图 2.3、图 2.4 所示。该型转向架是无导框式客车转向架，采用 H 型一体化铸钢

---

① 新浪网．东风型柴油动车组：1958年中国铁路设计生产的第一种柴油动车组[EB/OL]．（2018-01-05）[2023-06-05]．https://k.sina.com.cn/article_3096303125_b88dd615001002936.html．

② 东风型柴油动车组为6辆编组，两端头车为动力机车，中间为四节双层客车，机车采用液力传动装置，构造时速为120公里，持续时速（机车能以最大功率持续运行的最低速度）为每小时30公里。动车组车体高度和宽度与双层客车一致，车体重量由两台二轴转向架承担，前转向架为动力转向架，后转向架为无动力转向架。两台机车之间设有重联装置，可通过任一端司机室同时操纵两台动车。在其中一辆动力车上设有一台10千瓦的汽油机发电机组，用于为全列车提供电源。每台动力车装有两台山西柴油机厂制造的DV12A型柴油机（原型为坦克用的B2-300型柴油机，车用型号变更为DV12A型），额定转速为1 500转/分，标定功率为220千瓦（300马力），柴油机净重为850千克。单节动车功率为440千瓦（600马力），动车组总功率为880千瓦（1 200马力）。引自：新浪网．东风型柴油动车组：1958年中国铁路设计生产的第一种柴油动车组[EB/OL]．（2018-01-05）[2023-06-05]．https://k.sina.com.cn/article_3096303125_b88dd615001002936.html．

构架、导柱式轴箱定位装置、摇动台式摇枕弹簧悬挂装置、两系圆弹簧带油压减震器、吊挂式闸瓦基础制动装置，如图 2.5 所示。由于该列车组的设计主要为满足近郊客运需要，4 辆双层客车全部为硬座车，而且车内布置较为紧凑，座位采用 3＋3 方式布置，下层定员 80 人、上层定员 104 人、通过台部分定员 14 人，合计定员 198 人（图 2.6）。[1]

图2.3　SK1型双层客车车厢

图2.4　中方技术人员和苏联专家在SK-1型双层客车前的合影

---

[1]　新浪网. 东风型柴油动车组：1958年中国铁路设计生产的第一种柴油动车组[EB/OL].
　　（2018-01-05）[2023-06-05]. https://k.sina.com.cn/article_3096303125_b88dd615001002936.
　　html.

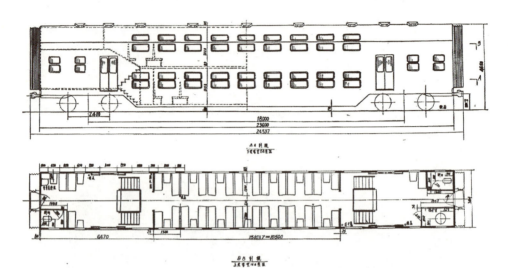

图2.5　SK-1型双层客车原厂图纸

图2.6　NM1型内燃动车和SK1型双层客车连挂编组图

1998 年，唐山机车车辆厂成功研制出"庐山"号双层内燃动车组，这是我国第一种国产动车组（图 2.7）[1]。该动车组采用 2 动 2 拖编组，设计时速 120 公里，总定员为 540 人，动力系统采用康明斯柴油机三相交直流传动方式，整车由西门子直流传动柜 PLC 控制，动力转向架采用 TW160D 型动力转向架，非动力转向架采用 209PK 型转向架。

图2.7　"庐山"号双层内燃动车组

1998 年年底，铁道部向戚墅堰机车厂、浦镇客车厂、上海铁路局共同下达了研制"时速 180 公里级别准高速内燃动车组"的攻关任务。1999 年 8 月，时速 180 公里 NZJ1 型内燃动车组研制成功。该动车组利用东风 11 型准高速内燃机车和 25K 型双层客车的成熟技术，两台机车采用交 - 直流电传动，使用 12V280ZJ 型柴油机、ZD106A 型牵引电动机、A1A 轴式全悬挂转向架和流线型车体，每台机车的输出功率为 2760 千瓦（2360 千瓦用于牵引客车，400 千瓦用于向旅客列车车厢供电）。动车组为 2 动 9 拖编组，采用双层客车设计，头尾每端各配备一

---

[1]　1998 年，青岛四方机车车辆厂也启动了液力传动内燃动车组的研制工作（技术命名为 NYJ1）。该动车组采用2动5拖编组，设计时速为140公里。1999年2月列车正式出厂，分属于南昌铁路局、哈尔滨铁路局、北京铁路局、广西铁路公司、包神铁路公司等路局和铁路公司，并分别被定名为"南昌"号、"九江"号、"北亚"号、"北海"号、"神华"号。

台柴油机车牵引以推挽式运行，最高设计时速为 180 公里，总定员为 1 140 人。在 1999 年 10 月沪宁线的测试中，最高时速可达 194 公里。随后，正式投入沪宁线运营，并定名为"新曙光"号（图 2.8）。

图2.8 "新曙光"号双层内燃动车组

2000 年 7 月，NZJ2 型双层内燃动车组研制成功，定名为"神州"号（图 2.9）。2000 年至 2003 年，大连机车车辆厂、长春客车厂、青岛四方机车车辆厂共生产出 5 组 10 台机车（NZJ2 0001 ~ 0005）和 4 列 40 节双层无动力拖车。NZJ2 型

图2.9 "神州"号双层内燃动车组

动车组采用 2 动 10 拖编组，运营时速为 180 公里，该车还采用了当时最先进的分布式计算机控制系统和全球卫星定位系统。2000 年至 2007 年，"神州"号作为京津城际特快旅客列车运营。

2001 年，青岛四方机车车辆厂、大连机车车辆厂以 NZJ2 型双层内燃动车组为技术平台，又进一步研制出 2 动 5 拖编组、交 - 直流电传动、重联牵引运行、最高运营时速 160 公里的双层内燃动车组，定名为"金轮"号（图 2.10）。该动车组是中国首列"高原型动车组"，主要服务于兰州至西宁、兰州至嘉峪关等区间的铁路运输。

图2.10　"金轮"号双层内燃动车组

2003 年，中国第一列摆式内燃动车组"普天"号诞生（图 2.11）[1]。该动车组采用 2 动 6 拖编组，其中动力车由大连机车车辆厂以东风 10F 型柴油机车为基础进行设计研制，倾摆系统、径向转向架、低重心轻量化车体等重点技术项目则由中国铁道科学研究院、西南交通大学负责攻关。"普天"号采用的是机电式主动倾摆控制系统，而非传统的液压式倾摆装置。倾摆驱动装置安装在转向架内，倾摆调节由一个交流电动机驱动，该系统使用设置于头车上的加速度传感器、

---

[1] 2004 年，由于以摆式列车作为铁路既有线提速的方向与当时铁路发展政策不吻合，因此摆式列车最终被封存。

车速传感器、陀螺仪收集数据，经过电脑计算后将倾摆指令传送给机电作动器，使拖车在通过曲线时能够实现灵活倾摆（动力车不设倾摆装置），最大倾斜角为±8°。[①]2003 年 7 月，"普天"号在唐山机车车辆厂完成编组。

图2.11　"普天"号摆式动车组

二、电力动车组（EMU）的探索与研制

1988 年，长春客车厂、株洲电力机车研究所、铁道科学研究院联合研发出了中国第一列交流电动车组——KDZ1 型电力动车组。该动车组设计最高时速为140 公里，采用 2 动 2 拖编组，每 1 动 1 拖组成一个独立的电气单元。尽管动车组最终未实现商业运营，但为中国电力动车组的开发与研制积累了第一手经验。

1999 年，株洲电力机车厂、长春客车厂、昆明铁路局为"昆明世界园艺博览会"专门研制出一列动力分散型动车组——交直传动"春城"号动车组（图2.12）。该动车组采用 3 动 3 拖 6 节编组，1 动 1 拖为一个单独动力单元，牵引总功率为2160 千瓦，并首次采用无摇枕转向架和数字模拟式制动机，最高运营时速 120 公里，是中国首列投入商业运营的动车组。

---

① 赵科. 摆式列车倾摆控制维护系统设计[J]. 机电工程技术，2011，40（5）：50-52.

图2.12　中国首列投入商业运营的"春城"号动力分散型动车组

1997年4月，铁道部发布《200公里／小时电动旅客列车组设计任务书》，主要目标是"研制运行时速200公里并能投入商用的电力动车组"。1999年4月，中国第一代高速电力动车组"大白鲨"（图2.13）应运而生。该动车组以韶山8型电力机车和25Z型、25K型准高速客车为基础，采用1动6拖编组动力集中式及直流电传动，使用4台功率1 000千瓦的直流牵引电动机，总牵引功率达4 000千瓦，转向架采用电机架承式全悬挂结构及轮对空心轴传动，构架采用高强度的合金材料，在广深铁路运行试验中，最高试验速度达到时速223公里。[①]"大白鲨"于1999年9月27日正式投入广深线运营，最高运行时速已达到200公里。同时，由于动力车采用了4台1 000千瓦的脉流牵引电动机，以提高电压和电流的方法来提高电机转速，电机的各项性能指标已接近或超过临界值，导致牵引电机可靠性较差，机车耗电量大，列车投入商业运营后故障率较高，出于安全考虑不得不停运"大白鲨"列车，并于2003年4月送返北京环行铁道封存。[②]

① 搜狐网．逐梦动车：中国第一代高速电力动车组·大白鲨诞生20年[EB/OL]．（2019-05-26）[2023-06-05]．https://www.sohu.com/a/316646743_180330．
② 搜狐网．逐梦动车：中国第一代高速电力动车组·大白鲨诞生20年[EB/OL]．（2019-05-26）[2023-06-05]．https://www.sohu.com/a/316646743_180330．

图2.13 中国第一代高速铁路电力动车组"大白鲨"

1999 年年底，国家正式启动"时速 200 公里电动旅客列车组合动力分散交流传动电动车组研究"。2001 年 5 月，中国首列时速 200 公里交流传动动力分散型动车组"先锋"号（图 2.14）在南京浦镇车辆厂研制成功。该动车组采用 2 动 1 拖 6 节编组，每 3 节车厢组成一个单元，设有一等软座车 1 节，二等软座车 5 节，总定员数为 424 人。2001 年 10 月，"先锋"号在广深铁路的线路试验中创下了时速 249.6 公里的当时"中国第一速"，2002 年 9 月又在秦沈客专综合试验中创造了时速 292.8 公里的当时中国速度新纪录。

图2.14 中国首列交流传动动力分散型动车组"先锋"号

2000 年年初，铁道部正式向国家计委提交《270 km/h 高速列车产业化项目》并获准立项。2001 年 4 月，铁道部下达《时速 270 公里高速列车设计任务书》，要求研制"中国自行设计、拥有自主知识产权的高速电力动车组——中华之星"，该动车组是交流传动动力集中型电力动车组，采用 2 动 9 拖编组，设计时速为 270 公里，总定员为 726 人，如图 2.15 所示。2002 年 11 月 27 日，"中华之星"在秦沈客运专线的冲刺试验中创造了最高时速 321.5 公里，成为当时"中国铁路第一速"。[①] 尽管"中华之星"在试验中表现出安全隐患，最终导致未能大面积投入运营，但这是 2004 年大规模技术引进之前，中国机车车辆制造技术的最高水平，为之后中国高铁实现创新突破奠定了强大的技术基础。[②]2006 年 8 月"中华之星"停运，存放于沈阳车辆段。

图2.15　中国自行设计、拥有自主知识产权的"中华之星"高速电力动车组

内燃动车组（DMU）与电力动车组（EMU）基础数据对比见表 2.2。

---

① 搜狐网. 一闪而过的"中华之星"：中国高铁的蹒跚前夜[EB/OL]．（2022-11-22）[2023-06-05]．https://news.sohu.com/20060313/n242268342.shtml．

② 第一财经日报. 沉寂的中华之星：中国高铁创新路径之辨[EB/OL]．（2011-03-17）[2023-06-05]．https://www.yicai.com/news/709383.html．

表2.2　内燃动车组（DMU）与电力动车组（EMU）基础数据对比

内燃动车组（DMU）			
动车组车型	车辆编组	最高时速/公里	总定员/人
东风型内燃车组 NM1 型动力车	2 动 4 拖	90	198
"庐山"号双层内燃动车组	2 动 2 拖	120	540
"新曙光"号双层内燃动车组	2 动 9 拖	180	1 140
"神州"号双层内燃动车组	2 动 10 拖	180	1 410
"金轮"号双层内燃动车组	2 动 5 拖	160	540
"普天"号摆式内燃动车组	2 动 6 拖	160	450
电力动车组（EMU）			
KDZ1 型电力动车组	2 动 2 拖	140	382
"春城"号动力分散型动车组	3 动 3 拖	120	602
"大白鲨"高速电力动车组	1 动 6 拖	223	438
"先锋"号动力分散型动车组	2 动 1 拖	249.6	424
"中华之星"高速电力动车组	2 动 9 拖	321.5	726

三、高速铁路的研究与实践

1990 年，铁道部在《铁路"八五"科技发展设想——先行计划》中首次提出"重点组织高速铁路成套技术"重大科技攻关项目论证。1991 年该项目经国家批准被列入国家"八五"重点科技攻关计划，这标志着中国高铁正式启动科研攻关。[①]

---

① 1990年同期，铁道部还组织专家完成了《京沪高速铁路线路方案构想报告》并提交全国人民代表大会进行审议，这也是中国首次正式提出修建高速铁路。参见：搜狐网. 中国高铁发展历程[EB/OL]．（2019-02-22）[2023-06-05]．https://www.sohu.com/a/296676696_99970599．

（一）广深高铁

广深线提速是中国铁路实施整体提速计划的开端。1989 年，铁道部组织专家团队就"广深线提速至 160 公里"进行了可行性论证。1990 年年初，铁道部正式提出"广深铁路实现旅客列车最高速度 160 km/h 的技术方案研究"（铁计〔1990〕1 号文），明确将原先广深线最高时速 100 公里提高至 160 公里，其中新塘站至石龙站设有 26 公里试验段，试验时速为 200 公里。此外，为确保提速计划的有效实施，铁道部还专门下达了《广深线准高速铁路科研攻关及试验计划的通知》（铁科技函〔1990〕474 号文），要求全面开展广深铁路准高速机车车辆、线路工程、信号系统、速度分级控制及安全评估试验等 15 项重点技术攻关研究计划，并将韶山 8 型准高速电力机车以及东风 11 型准高速柴油机车、25Z 型准高速双层客车、25Z 型准高速客车、准高速旅客列车速度分级控制、旅客列车移动电话系统、准高速铁路接触网及受流技术专题列入"八五"国家科技攻关计划。

1991 年，铁道部再次下达《关于广深线准高速 SS8 型电力机车设计任务书的要求》（铁科技函〔1991〕98 号），要求株洲电力机车厂与株洲电力机车研究所联合设计新型准高速电力机车，并定名为：韶山 8 型电力机车（简称 SS8）[1]，如图 2.16 所示。该机车于同年 12 月 28 日获得国家计委批准，并正式开始广深准高速铁路技术改造工程；该工程总投资 48 亿元，全长 147 公里。其中，新塘至石龙区间设有一个时速 200 公里的高速试验段。改造的两个重点是既有小曲线半径的改造以及 60 千克 / 米的重型无缝钢轨的更换。[2] 同年 12 月 28 日，经国家计委批准，广深准高速铁路技术改造工程正式动工，总投资 48 亿元，全长 147 公里，其中新塘至石龙间设有时速 200 公里高速试验段，改造的两个重点包括改造既有小曲线半径和换铺 60 千克 / 米的重型无缝钢轨。1994 年 12 月 22 日，最高时速 160 公里的"春光号"准高速列车在广深铁路正式开行，广州至深圳的列车运行时间

---

[1]　前瞻网. 后发先至 国之重器：一文带你洞悉中国高铁产业发展简史[EB/OL]．（2022-09-14）[2023-06-05]. https://www.qianzhan.com/analyst/detail/220/220914-4c0f3cb3.html.

[2]　1997 年 2 月，SS8 型机车通过了铁道部科技成果鉴定。1997 年 7 月正式批量生产，机车最大运行速度为 170 公里/时，并于 1998 年 6 月在京广铁路的区段试验中达到 240 公里/时运行速度，创下了当时的"中国铁路第一速"，成为了中国第一种高速铁路机车。

由 2 时 48 分缩短为 1 时 12 分，成功实现了铁路提速升级的既定计划。

图2.16　SS8-0001号电力机车

1997 年 2 月，广深线电气化改造工程开工。该专项工程总投资额为 8 亿元，设计最高时速为 200 公里，按照"先客运、后货运，先高速、后普速"的工序实施建设，于 1998 年 8 月 28 日正式完工投运。为了进一步研究摆式列车在既有线路实现提速至高速铁路的可行性，并配合广深线列车"小编组、高密度、高速度"的公交化运营模式，1998 年 8 月，广深铁路从当时世界上最大的轨道运输公司瑞典的 ADtranz 公司租赁了一列 X2000 摆式高速列车，并命名为"新时速"高速列车[①]，如图 2.17 所示。X2000[②]采用的径向转向架和摆式车体，可使列车比常规车型在同样线路上曲线通过速度提高 30%。2001 年 1 月，由株洲电力机车厂、长春客车厂、株洲电力机车研究所联合研制的动力集中型推挽式"蓝箭"电力动车组（图

---

① 搜狐网. 广铁骄傲：中国首条"准高铁"在此诞生[EB/OL].（2018-12-18）[2023-06-08].
https://www.sohu.com/a/283029943_696801.
② X2000型电力动车组采用交流传动、GTO牵引变流器、径向转向架和摆式车体，最高运行时速为210公里。2007年，CRH1动车组全面投入广深线运营。由于X2000列车上的车载信号系统不能适应线上新系统，因此停运。

2.18）[①]，正式投入广深线运营，最高时速为 200 公里，从广州东站至深圳站间的直达时间为 60 分，至同年 3 月 1 日新运行图实施后仅需要 55 分，与瑞典 X2000 列车相同。[②]

图2.17 X2000摆式高速列车

图2.18 动力集中型推挽式"蓝箭"电力动车组

---

① "蓝箭"电力动车组为动力集中型推挽式电力动车组，采用交-直-交流电传动，最高运营速度为200公里/时，其动力车转向架是以中国"八五"国家重点科技攻关项目、西南交通大学主持设计的"高速动力车车体转向架关键部件的研究"为基础开发的，高速动力车转向架于2000年3月在西南交通大学牵引动力国家重点实验室通过时速353公里的高速滚动试验及330公里的高速滚振试验。

② 新浪网. 国内最高速交流电动车组"蓝箭"号开进广深线[EB/OL]. （2001-01-08）[2023-06-08]. http://news.sina.com.cn/c/167322.html.

（二）秦沈客运专线

秦沈客运专线由秦皇岛站至沈阳北站，全长404公里，共设14座车站[①]，设计时速为200公里（线下预留时速250公里工程条件），于1999年8月全线开工，2003年10月建成通车。秦沈客运专线是中国第一条真正意义上的高速铁路。[②]

秦沈客运专线的建设在设计理念和施工要求上完全突破了普速铁路，是中国按照高速铁路等级和标准进行的第一次工程实践。在设计方面，秦沈客运专线第一次引入了高铁选线概念、高铁桥梁的动力响应要求、路基工程高标准沉降控制以及不同结构物之间的刚度过渡要求、车站的大区间布点[③]；在建设管理方面，秦沈客运专线第一次在建设工期中安排了综合调试时间，要求项目建成时即按设计时速验交，实现了设计速度、验交速度、运营速度的一致性；在新技术、新结构、新设备的应用方面，秦沈客运专线第一次采用了一次性铺设跨区间无缝线路、箱形简支梁、大号码道岔、牵引供电监控综合自动化系统、高速牵引供电接触网、新型列车运行控制系统、无线列调的数话并传装置等，在综合试验段上还进行了无砟轨道试验。[④]

在中国铁路发展史上，秦沈客运专线的建设运营具有重大意义：不仅开创了中国铁路运输客货分流的全新模式，还为中国加速自主掌握时速200公里及以上高速铁路等级的成套技术装备、机车关键技术以及在设计、施工、建造、调试、验收等方面积累了丰富的实战经验，更为推动中国铁路技术进步、提高中国铁路

[①] 秦沈客运专线共设14座车站，其中河北段2座、辽宁段12座，由南至北依次为：秦皇岛站、山海关站、东戴河站、绥中北站、兴城西站、葫芦岛北站、高桥北站、锦州南站、凌海南站、盘锦北站、高升北站、台安站、辽中站、皇姑屯站（已撤销）、沈阳北站。

[②] 为了扩大秦皇岛至沈阳的铁路输送能力，铁道部从1986年开始进行可行性研究，1999年2月经国家计委报国务院同意正式立项。1998年6月，铁三院完成了秦沈铁路客运专线可行性研究报告；8月，铁路主管部门组织了审查鉴定。1999年年初，国家计委报请国务院同意，相继批准了秦沈客运专线项目建议书和可行性研究报告；同年7月，国务院批准开工，并将其列为国家重点建设项目。8月16日，秦沈客运专线正式开工建设，2003年1月开通运营，全线总长404.6公里。2007年2月1日，秦沈客运专线被并入京哈线，成为京哈铁路秦沈段。

[③] 徐鹤寿．秦沈客运专线建造技术[J]．中国铁道科学，2003，24（2）：1-7．

[④] 屈晓辉．秦沈客运专线主要设计技术[J]．铁道科学与工程学报，2004，1（1）：32-38．

建设制造水平奠定了坚实的实践基础。[①]同时，秦沈客运专线还为中国高铁建设培育了大批技术及管理人才，为之后进行的京沪高铁建设以及全国大规模高速铁路建设提供了丰厚的人才储备。

（三）中国铁路前五次全面大提速（1994—2004年）

为适应我国经济社会发展对铁路运输能力的新要求，1994年6月，铁道部提出普遍提高行车速度，积极增加行车密度，合理确定列车重量，以满足运输市场需求、充分利用运输资源、提高经济与社会效益为目标的技术政策。1995年6月，铁道部专门成立提速领导小组，总体负责组织、落实、实施全面铁路大提速工作。

第一次大提速：1997年4月1日零时

全国铁路以哈尔滨、北京、上海、武汉等大城市为中心，对京沪线、京广线、京哈线三大干线实施全面提速，共开行了时速90公里以上的40对快速列车和78列夕发朝至列车。提速后，全国铁路旅客列车平均运营时速由48.1公里提高到时速54.9公里。此次提速调图是对中国铁路传统运输组织方式的一次深刻变革，不仅列车运行速度实现了飞跃，运行图编制发生了根本的变化，而且对全国铁路的运输组织、经营理念等都产生了深远的影响。[②]

第二次大提速：1998年10月1日零时

京沪线、京广线、京哈线由原先的时速140公里提升至160公里，广深线则提速至200公里。提速后，全国铁路旅客列车平均运营时速达到55.2公里，直通快速、特快客车平均时速达到71.6公里。全国夕发朝至列车总数增至228列，并首次开行了行包专列和旅游热线直达列车。

第三次大提速：2000年10月21日零时

此次提速旨在形成以陇海线、兰新线、京九线、浙赣线为重点交织的，能够覆盖全国主要地区，特别是中西部地区的"四纵两横"干线铁路提速网络。

---

① 钱桂枫，蔡申夫，张骏，等．走近中国高铁[M]．上海：上海科学技术文献出版社，2019：29．

② 中国经济网．中国铁路大提速——第一次大面积提速调图[EB/OL]．（2012-01-04）[2023-06-08]．http://www.ce.cn/cysc/ztpd/2011/2012cy/cydsj/201201/04/t20120104_21095609.shtml．

提速后，全国铁路旅客列车平均运营时速由 55.2 公里提升至 60.3 公里。此次调图将传统的快速列车、特快列车、直快列车、普通客车、混合列车、市郊列车、军运人员列车七个等级调整为三个等级，即特快旅客列车、快速旅客列车、普通旅客列车。

第四次大提速：2001 年 10 月 21 日零时

本次提速的主要目的是建立并形成能够连接东部与中西部大部分省（自治区、直辖市）的铁路快运通道。提速后，全国铁路旅客列车平均运营时速由 60.3 公里提升至 61.6 公里，全国铁路提速网络总里程也达到了 13 000 公里。

第五次大提速：2004 年 4 月 18 日零时

此次提速的主要目的有两个：一是实现全国主要干线铁路由时速 160 公里提升至 200 公里；二是实现全国铁路提速网络总里程由 13 000 公里增加至 16 500 公里。提速后，全国铁路旅客列车平均运营时速达到 65.7 公里，其中直达特快列车平均运营时速 119.2 公里，特快列车平均运营时速 92.8 公里。

中国铁路的前五次全面大提速（表 2.3），不仅提升了全国主要干线铁路运营时速、扩张了全国铁路提速网络总里程，还引发了技术创新、控制创新、管理创新，使中国机车车辆建造水平和线路规划管理能力得到长足进展，为京沪高铁的研制以及中低速动车组的运营提供了丰富的中国经验。

表 2.3　中国铁路前五次全面大提速基本数据（1994—2004 年）

第一次全面大提速	最高运行时速 140 公里，平均运营时速 54.9 公里
第二次全面大提速	最高运行时速 160 公里，平均运营时速 55.2 公里
第三次全面大提速	初步形成了平均运营时速 60.3 公里的"四纵两横"提速网络
第四次全面大提速	提速网络总里程 13 000 公里，平均运营时速 61.6 公里
第五次全面大提速	提速网络总里程 16 500 多公里，平均运营时速达到 65.7 公里

第二阶段：引进消化吸收再创新的技术引进期
（2004—2011 年）

中国自主研发的"蓝箭""中华之星"等电力动车组，尽管在试验线上都创造了当时世界最高时速，但中国最终还是决定变更技术路线和研发策略。其中的根本原因主要有两方面：一是在高铁关键技术和成套装备制造上依然不成熟，导致列车工艺水平较差、设备可靠性不足；二是在高速铁路整体设计要求上低于世界高铁标准，导致不能大范围商业组网运营[①]。因此，中国从 2004 年起，开始大规模引进国外先进高速铁路技术，并通过引进、消化、吸收、再创新的过程，最终实现了中国高铁的赶超与领先。

一、第一轮动车组招标

2004 年 4 月，国务院召开的"关于铁路机车车辆和装备现代化"会议是中国高铁装备技术研发正式步入引进、消化、吸收的新阶段的开端。会议不仅在发展思路上明确了"引进先进技术、联合设计生产、打造中国品牌"的主基调，也在操作模式上明确了"重点扶持国内几家机车车辆制造企业、引进少量原装、国内散件组装和国内生产"的大方向。此次会议为中国大规模引进国外先进的高铁技术奠定了政策基础。

2004 年 6 月 17 日，《人民铁道》和中国采购与招标网同时发布招标公告，铁道部拟采购能够满足铁路第六次大提速使用的时速 200 公里运营动车组，招标共分 7 个包，每包 20 列动车组，包括 1 列原装进口车，2 列散件进口并在国内完

[①] 前瞻网 . 中国高铁产业发展简史[EB/OL] . （2022-09-14）[2023-06-08] . https://www.qianzhan.com/analyst/detail/220/220914-4c0f3cb3.html .

成组装，以及17列国产化列车。① 此外，铁道部还明确了三大采购原则：一是必须转让关键技术；二是必须价格最低；三是必须使用中国品牌。

2004年8月27日，投标结果公布：青岛四方股份公司（以下简称青岛四方）与庞巴迪公司联合体整体引进20列ReginaC2008型动车组，定名为CRH1A；青岛四方与日本企业联合体整体引进60列E2-1000型动车组，定名为CRH2A；长春轨道客车公司（以下简称长春客车）与阿尔斯通联合体整体引进60列Pendolino SM3型动车组，定名为CRH5。

2007年2月1日，"和谐号"CRH1A型动车组（图2.19）正式投入广深线运营，最高运营时速为200公里；2007年1月28日，CRH2A（图2.20）正式投入沪杭线及沪宁线运营，最高运营时速为250公里；2007年4月6日，"和谐号"CRH5型动车组（图2.21）正式投入京哈线运营，最高运营时速为250公里。在全国铁路第六次大提速中，"和谐号"CRH1A、CRH2A、CRH5型动车组以"D字头"旅客列车的全新面貌整体亮相、全面运营。

图2.19 "和谐号"CRH1A-200动车组

① 澎湃网.高铁招标：一个被写入斯坦福大学教科书的经典案例[EB/OL].（2015-10-27）[2023-07-08]. https://www.thepaper.cn/newsDetail_forward_1389653.

图2.20　"和谐号"CRH2A动车组

图2.21　"和谐号"CRH5动车组

二、第二轮动车组招标

中国"以市场换技术"的研发策略，通过招标不仅成功引进了国外先进的高铁技术，也为中国系统掌握时速 200 ～ 250 公里动车组技术打开了大门。2005 年 6 月至 9 月，铁道部启动了第二轮动车组采购招标工作，此轮招标最大的变化是：由重点引进时速 200 ～ 250 公里动车组变更为重点引进时速 300 公里动车组。最终，青岛四方与庞巴迪联合体中标 40 列，青岛四方与日本企业联合体中标 60 列，唐山轨道客车公司（以下简称唐山客车）与西门子联合体中标 60 列。

CRH2C 以日本川崎重工的 E2 系 1 000 型新干线列车（图 2.22）为基础，青岛四方对其进行了两个阶段的持续开发：第一阶段 CRH2C-300 列车是在 CRH2A 的 200 公里 / 时平台基础上修改，由 4 动 4 拖改为 6 动 2 拖，可两组重联运行，持续运营时速 330 公里，最高运营时速 350 公里，2008 年 8 月 1 日起正式投入京津城际、武广高铁，是中国首列国产化率超过 70% 的时速 300 公里的动车组列车，如图 2.23 所示。第二阶段 CRH2C-350 列车改用了加大功率的 YQ-365 型交流牵引电动机，持续运营时速提高至 350 公里，最高时速为 380 公里，2010 年 1 月在郑西高铁创造了 393 公里最高时速纪录。[1] 该车车体铝合金结构和隔音减震降噪技术借鉴了 CRH3 的设计，改善了车体在高速运行时的共振和气动变形问题，并且对转向架二系悬挂进行了改进，又加装了一个抗蛇行减震器，以解决 CRH2C 第一阶段所存在的垂向和横向振动问题。

图2.22　日本川崎重工E2系1000型列车

---

① 中国动车组．CRH3动车组 [EB/OL]．（2021-12-13）[2023-07-08]．https://www.china-emu.cn/EMUs/Series/?detail-59-27-41.html．

图2.23　"和谐号"CRH2C动车组

CRH3 以德国西门子 Velaro ICE-3 列车（图 2.24）为基础，唐山客车对其也进行了两个阶段的持续开发：第一阶段国产化率为 30%，第二阶段国产化率为 50%，并在西门子公司的技术支持和技术转让下，完成了 CRH3C、CRH3A、CRH3D 动车组车体外形、转向架、检测系统等方面的优化改造，使国产化率最终达到了 70%。2008 年 8 月，CRH3C 正式投入京津城际运营，该动车组采用 4 动 4 拖编组，最高运营时速为 350 公里，成为了当时世界上实际运营时速最快的高铁动车组。

图2.24　德国西门子ICE-3列车

CRH3A（图 2.25）由长春客车和唐山客车联合设计生产，借鉴了 CRH380BL、CRH380CL、CRH380B、CRH5 型动车组的优点，于 2013 年 6 月 8 日正式下线。该动车组设计时速为 250 公里，可根据不同运营需求，以时速 160 公里、200 公里、250 公里三个速度等级运行，是国内唯一既适合时速 200 ～ 250 公里客运专线，又适合时速 160 ～ 250 公里城际铁路运行的动车组。

图2.25　"和谐号"CRH3动车组

2004—2008 年，中国在多方引进高铁技术的基础上，因地制宜地实施分阶段、分目标的消化、吸收、改进（表2.4）：第一步，针对既有线路特点进行了轮轨关系、弓网关系匹配，重新确定了轮对内测距、踏面形式、弓网受流性能；第二步，针对中国列车运行特点和乘客实际需求，对列车运用界面、维护界面、乘客界面等进行中国化改进；第三步，在深度学习 ReginaC2008、E2-1000、PendolinoSM3、ICE-3 技术平台的基础上，构建并形成了国产动车组产品研发制造平台，全面掌握了时速 200 ～ 250 公里高速列车设计及制造技术。在此期间，2007 年青岛四方还自主研制出中国首列国产时速 300 公里动车组列车（CRH2-300）；2008 年唐山客车也自主研制出中国首列国产时速 350 公里 CRH3C 动车组列车。

表 2.4　中国高铁技术引进及生产（2004—2008 年）

国产车型	原车型	中国生产商	时速 / 公里
CRH1A	加拿大庞巴迪 ReginaC2008	青岛四方	200
CRH2A	日本川崎重工 E2-1000	青岛四方	250
CRH5A	法国阿尔斯通 PendolinoSM3	长春客车	250
CRH1B	加拿大庞巴迪 ReginaC2008	青岛四方	250
CRH1E	加拿大庞巴迪 ReginaC2008	青岛四方	250
CRH2B	日本川崎重工 E2-1000	青岛四方	250
CRH2C	日本川崎重工 E2-1000	青岛四方	350
CRH2E	日本川崎重工 E2-1000	青岛四方	260
CRH3C	德国西门子 ICE-3	唐山客车	350
CRH2D	日本川崎重工 E2-1000	青岛四方	350

三、中国自主研发生产 CRH380 系列动车组

2008 年 2 月 26 日，科技部、铁道部共同签署了《中国高速列车自主创新联合行动计划合作协议》，《协议》明确提出：中国将在引进技术消化吸收和再创新已取得阶段性重大成果的基础上，进一步加大自主创新力度研制新一代时速 350 公里及以上高速列车，建立完善具有自主知识产权、国际竞争力强的时速 350 公里及以上的中国高速铁路技术体系。[1]该行动计划也正式催生了 CRH380 型新一代高速动车组。

---

[1]　中国政府网. 铁道部科技部联合深化时速350公里列车自主创新[EB/OL]. （2022-06-16）[2023-06-08]. https://www.gov.cn/gzdt/2008-02/29/content_905588.htm.

2009年，科技部、铁道部汇聚了10家重点企业、11家科研院所、25家重点高校、51家国家重点实验室和工程研究中心以及68名院士、500多名教授、10 000余名工程技术人员，共同推进"中国高速列车关键技术及装备研制"项目（表2.5），全力推动CRH380型高速动车组的设计与研制工作。

表2.5　十大联合攻关课题

序号	课题名称	国家拨款/元	自筹经费/元	主持单位
1	共性基础及系统集成技术	30 000 万	75 000 万	中国南车集团
2	高速铁路转向架技术	3 000 万	7 000 万	中国北车集团
3	高速列车空气动力学优化设计及评估技术	3 000 万	6 000 万	中国科学院力学所
4	高速列车车体技术	3 000 万	7 000 万	中国北车集团
5	高速列车牵引传动与制动系统	12 000 万	25 000 万	中国铁道科学研究院
6	高速列车网络控制系统	18 000 万	22 000 万	中国科学院软件所
7	高速列车关键材料及部件可靠性	5 000 万	12 000 万	中国南车集团
8	高速列车运行控制系统及装备研制	16 000 万	33 000 万	北京交通大学
9	高速列车牵引供电技术	5 000 万	10 000 万	中国中铁
10	高速列车运行组织方案优化设计关键技术	5 000 万	3 000 万	北京交通大学

为满足京沪高铁高密度、高速度、大运量、长短途、跨线运行的实际运营要求，以及针对中国气候差异大、地质条件复杂等本土环境，铁道部决定以"长征

火箭"为头部设计原型，在对 20 个头型设计方案进行了 17 项、75 次空气动力学仿真计算和三维流场数值仿真分析之后，最终确定了 5 种备选头型方案。继而，对备选方案制作 1：8 模型，分别进行了 19 个角度、8 种风速的风洞空气动力学试验和 3 种风速、4 种编组的风洞噪声试验，对择优选出的方案进行了样车试制，完成了 22 项试验验证，经大量的比对、计算、试验之后，最终确定了新一代高速列车的头型方案，该方案气动阻力减少 6%、气动噪声下降 7%、列车尾车升力接近于 0、隧道交会压力波降低 20%、明线交会压力波降低 18%。铁道部在头型和车体确定之后，要求青岛四方在 E2-1000 技术平台及 CRH2C-350 动车组基础上，自主研发时速 380 公里动力分散式高速动车组。2010 年 9 月，铁道部下发《"和谐号"CRH 型新一代高速动车组型号、车号、座席号编制规则》，正式将 8 辆短编组高速动车组定名为 CRH380A，将 16 辆长编组高速动车组定名为 CRH380AL（图 2.26）。10 月 26 日，CRH380A[①] 正式投入沪杭线运营。"和谐号"CRH380A 动车组技术特点见表 2.6。

图2.26　"和谐号"CRH380A动车组

---

① 2010年12月3日，CRH380A在京沪高铁枣庄至蚌埠段联调联试和综合试验中创造了时速486.1公里的世界铁路运营试验最高速度纪录，标志着中国高速列车技术已经达到世界先进水平。参见：搜狐网. 18种机车述说中国铁路提速史[EB/OL]. （2018-02-06）[2023-06-10]. https://www.sohu.com/a/221361322_703060.

表 2.6 "和谐号" CRH380A 动车组技术特点

低阻力流线头型	气动阻力减少 6%、气动噪声下降 7%、列车尾车升力接近于 0、隧道交会压力波降低 20%、明线交会压力波降低 18%
振动模态系统匹配	优化了转向架设计参数并改善车厢内部结构，以配合动车组车体的自然振动频率，有效抑制列车在高速运行时的车体结构性共振
高强度气密性	由于列车运行时速提高到 380 公里，为满足两列动车同时双向通过隧道的气密需要，动车组进一步提升了气密性，车厢采用差压控制模式的全密封加压。车厢内压力从 4 000 帕下降到 1 000 帕实际大于 180 秒，气压变化值小于 200 帕 / 秒
高速转向架	使用 SWMB-400/SWTB-400 型无摇枕转向架，增加了抗侧滚扭杆，带两组抗蛇行减震器，加强了二系悬挂空气弹簧柔度，提高了转向架的稳定性和减震效果，满足转向架临界失稳速度达 550 公里 / 时的指标要求
噪声控制技术	采用各种新型噪声吸收和阻隔技术材料，在时速 350 公里的情况下车厢内噪声保持在 67 至 69 分贝，与 CRH2A 型动车组以 250 公里 / 时运行时的情况相当。而低阻力新头型的使用亦减少超过 15% 的气动噪声
车辆减重	由于列车牵引动力、结构质量、减噪水平的提高，车辆重量相应增加，但轴重仍维持在 15 吨的水平。当动车组维持时速 380 公里时，平均每位旅客的每百公里能量消耗小于 5.2 千瓦时
高效率再生制动	再生能量回馈电网效率达到 90%

CRH380A 系列从 2010 年开始生产，至 2017 年停产，累计共生产 448 组，其中 CRH380A 型 40 组，CRH380A 统型 279 组[①]，CRH380AJ 型 5 组，CRH380AL 型 113 组，CRH380AN 型 1 组，CRH380AM 型 1 组，港铁 CRH380A 型 9 组。

2009 年 3 月 16 日，铁道部正式与唐山客车、长春客车、中国铁道科学研究院共同签署采购合同，要求生产 100 列新一代高速动车组，其中 70 列由唐山客车

---

① CRH380A 统型动车组：每节车厢两端和过道上都安装有摄像头，对每组 4 号车厢的残疾人卫生间进行了改造，新增了撒砂装置能够自动检测轮轨面的黏着系数，列车商务座定员 10 人、一等座定员 28 人、二等座定员 518 人、全车总定员为 556 人。参见：快懂百科. 和谐号 CRH380A 型电力动车组[EB/OL]. https://www.baike.com/wikiid.

制造，30 列则由长春客车制造。2010 年 5 月，由长春客车制造的短编组高寒型动车组 CRH380B（图 2.27）正式下线，该动车组主要为中国东北高寒地区提供运营服务，能够满足零下 40℃ 低温下的运营需求，是国产高速动车组的又一次重大突破，主要服务于哈大高铁、京哈高铁。2010 年 9 月，唐山客车厂在 CRH3C 基础上自主研制的长编组 CRH380BL 也成功下线，该动车组采用 8 动 8 拖编组，主要服务于京沪高铁和京广高铁。

图2.27 "和谐号"CRH380B动车组

CRH380C 是长春客车在 CRH3C 和 CRH380BL 动车组基础上，自主研发的首款 8 动 8 拖 16 辆大编组高寒动车组，与 CRH3C 相比，提高了牵引功率、优化了气动外形，持续运营时速为 350 公里，最高运营时速为 380 公里。CRH380CL 也采用 8 动 8 拖编组，牵引功率为 18 400 千瓦，总定员数为 1 015 人，持续运行时速 350 公里，最高运营时速 380 公里[1]。其头型的显著变化是：采用了细长比更大的流线型铝合金车头，以此能够更加有效地降低空气阻力。该动车组共生产25 列，分别配属于北京铁路局和上海铁路局。

---

[1] 中国动车组. CRH380C动车组 [EB/OL]. （2021-06-17）[2023-07-08]. https://www.china-emu.cn/EMUs/Series/?detail-137-27-12.html

CRH380D是青岛四方基于庞巴迪ZEFIRO380平台研发的动力分散型动车组，采用4动4拖8节编组，并可通过两组联挂的方式增加至16节编组。2015年起，CRH380D正式投入宁杭客运专线和杭甬客运专线运营。

CRH380AM高速综合检测动车组（图2.28）是为开展更高速度条件下的基础理论研究和技术探索而研制的，是中国自主设计的时速500公里的高速试验列车，采用6动全动车编组，牵引总功率达到22 800千瓦，在实验室滚动台的最高试验时速可达605公里。该动车组头型设计采用尖楔形结构，设计灵感源自中国古代兵器青铜剑，车体则沿用了"和谐号"动车组常用的铝合金空心型材车体，但车体头罩、车内座椅及部分设备分别采用了碳纤维、镁合金等新材料，在重量减少的情况下，刚度提高了22.7%[1]，如图2.29、图2.30所示。

图2.28　CRH380AM与CRH2A头型对比

---

① 中国动车组. CRH380AM动车组 [EB/OL]. （2021-11-23）[2023-07-08]. https://www.china-emu.cn/EMUs/Model/?detail-30009-103-13.html.

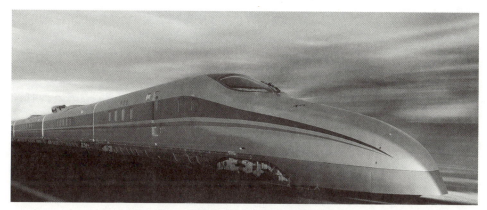

图2.29　CRH380AM高速综合检测动车组

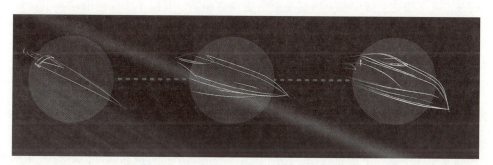

图2.30　CRH380AM青铜剑头型的设计演化

2004—2011 年，在"举国体制"的全程驱动下，中国高铁研发制造成功跨越了三个台阶：第一个台阶，通过引进、消化、吸收、再创新，掌握了时速200 ～ 250 公里高速列车制造技术，标志着中国高速列车技术跻身世界先进行列；第二个台阶，在掌握时速 200 ～ 250 公里高速列车技术的基础上，自主研制生产了时速 350 公里高速列车，标志着中国高速列车技术达到世界领先水平；第三个台阶，中国铁路以时速 350 公里高速列车技术平台为基础，成功研制生产出新一代高速列车 CRH380 型高速动车组，标志着世界高速列车技术发展到新水平。

第三阶段：全面自主创新期
（2012年至今）

经过技术引进、消化、吸收、再创新，中国高铁的研发制造能力显著提升，但依然存在以下两方面的技术瓶颈，制约着中国高铁的进一步发展。其一，在网络集成、牵引技术、制动控制等关键领域仍有15%的核心技术未被完全掌握；其二，不同技术平台研发的车型无法统一标准，网络系统不能互联互通，零部件难以互为备用，导致高铁车辆无法重联、列车运维成本激增。

针对以上两大困境，2012年，由中国铁路总公司[①]（以下简称中铁总）主导、中国铁道科学研究院（以下简称铁科院）负责技术牵头、中国中车股份有限公司[②]（以下简称中国中车）所属企业负责设计制造，开启了中国标准动车组设计研制工作。2013年6月，在中铁总的主持下正式启动时速350公里中国标准动车组研发项目和统型工作，此项工作由铁科院、中国中车联合西南交通大学、北京交通大学、中国科学院等高校和科研单位，集合各个厂家、体系的优势力量共同开展。中铁总明确要求各联合单位以"自主化、简统化、互联互通互换、技术先进、具有自主知识产权"为总体目标，实现关键领域和技术系统完全自主化。[③]同时，还要求中国中车及下属企业以"相同速度等级的动车组可重联运营，不同速度等级的动车组可相互救援"为具体目标，针对高速动车组的11大系统、96项主要设备开展统型研究，解决并实现各车型机械接口互联、电气接口逻辑互通、控制

[①] 2013年3月，第十二届全国人大审议通过《国务院关于提请审议国务院机构改革和职能转变方案》，同意铁道部正式施行政企分离并组建国家铁路局，成立中国铁路总公司。2019年6月18日，经国务院批准同意，中国铁路总公司改制成立中国国家铁路集团有限公司。

[②] 中国中车股份有限公司（中文简称"中国中车"，英文简称缩写"CRRC"）是经国务院同意，国务院国资委批准，由中国北车股份有限公司、中国南车股份有限公司按照对等原则合并组建的A＋H股上市公司。

[③] 孙永才．自主创新造就中国高铁"国家名片"［EB/OL］．（2022-08-16）［2023-05-15］．http://www.qstheory.cn/dukan/qs/2022-08/16/c_1128913717.htm．

指令和操作界面互操作，整体降低运维成本并促进高铁供应链整合与升级[①]。此外，还专门建立了中国高铁试验体系，涵盖高压试验、网络试验、限界试验、称重试验、电气保护试验、安全措施和设备检查试验、弓网试验和动力学试验等多项任务。[②]

2014年年初，国家发改委将中国标准动车组设计研制项目整体纳入国家战略性新兴产业示范工程项目。同年9月，中铁总组织召开了中国标准动车组设计方案评审会。2015年6月，中国标准动车组CR400AF（图2.31）正式下线并在铁科院环行试验基地正式展开试验工作。2017年1月3日，国家铁路局向中车长春轨道客车股份有限公司、中车青岛四方机车车辆股份有限公司颁发中国标准动车组型号合格证和制造许可证。

图2.31 "复兴号"CR400AF动车组

① 贺俊，吕铁，黄阳华，等.技术赶超的激励结构与能力积累：中国高铁经验及其政策启示[J].管理世界，2018，34（10）：191-207.
② 吕铁，贺俊.政府干预何以有效：对中国高铁技术赶超的调查研究[J].管理世界，2019，35（9）：152-163；197.

2017 年 2 月 25 日，G65 次列车驶出北京西站，标志着中国自主设计研制的、拥有全面自主知识产权的中国标准动车组样车正式上线运行。6 月 25 日，中国标准动车组正式定名为"复兴号"。6 月 26 日，两列具有完全自主知识产权、达到世界先进水平的"复兴号"动车组从北京南站（图 2.32）和上海虹桥站同时对开首发，宣告中国高铁迎来"复兴号"时代。9 月 21 日，"复兴号"动车组在京沪高铁实现时速 350 公里商业运营，标志着中国已经成为全球高铁商业运营速度最快的国家。

图2.32 "复兴号"G123次列车北京南站首发现场

2017 年 10 月 25 日，由中铁总牵头组织的时速 250 公里中国标准动车组研制工作正式启动。2020 年 12 月 23 日，时速 250 公里 CR300BF（图 2.33）成功研发投用。

2021 年 6 月 25 日，拉萨至林芝的拉林铁路正式开通，"复兴号"动车组首次开上青藏高原（图 2.34）。至此，时速 160 公里至 350 公里的全系列"复兴号"动车组全部投用，全面覆盖全国 31 个省级行政区（暂未计入港、澳、台地区数据）。截至 2021 年年底，全国铁路配备"复兴号"系列动车组达 1 191 组，累计安全运行13.58亿公里，运送旅客13.7亿人次[1]，见表2.7。中国高铁"成网运营"终成现实。

图2.33　"复兴号"CR300BF动车组

图2.34　行驶在青藏高原上的"复兴号"动车组

---

[1]　中国国家铁路集团有限公司. 2021年超25亿人次乘火车出行[EB/OL].（2021-01-05）[2023-06-15]. http://www.china-railway.com.cn/xwzx/mtjj/workercn/202201/t20220105_119293.html.

表 2.7　中国标准动车组"复兴号"系列的装备与运营

A：青岛四方研制；B：长春客车研制；F：动力分散型；G：动力集中型		
动车组型号	装备组数	运营时间
CR400AF	174 组	2017 年 8 月
CR400AF-A（16 辆编组）	79 组	2018 年 6 月
CR400AF-B（17 辆编组）	13 组	2019 年 1 月
CR400AF-G（耐高寒抗风沙）	3 组	2021 年 1 月
CR400AF-Z（8 辆编组）	11 组	2021 年 6 月
CR400AF-BZ（双层动车）	2 组	2021 年 6 月
CR400AF-C（智能化自动驾驶）	1 组	2021 年 7 月
CR400BF	142 组	2017 年 6 月
CR400BF-A（16 辆编组）	74 组	2018 年 6 月
CR400BF-B（17 辆编组）	14 组	2019 年 1 月
CR400BF-G（耐高寒抗风沙）	93 组	2019 年 5 月
CR400BF-C（智能化自动驾驶）	2 组	2019 年 12 月
CR400BF-Z（8 辆编组）	8 组	2021 年 6 月
CR400BF-BZ（17 辆编组）	2 组	2021 年 6 月
CR400BF-GZ（耐高寒）	2 组	2021 年 6 月
CR300AF（时速 250）	65 组	2020 年 12 月
CR300BF（时速 250）	66 组	2020 年 12 月
CR200J（短编组）	98 组	2019 年 1 月
CR200J（长编组）	38 组	2019 年 12 月

第三章　中国高铁家族图谱与成网运营

目前，中国高铁主要分为两大系列："和谐号"CRH 系列（China Railway High-Speed）和"复兴号"CR 系列（China Railway）。

"和谐号"CRH 系列是对引进国外技术、吸收再创新生产的所有动车组的总命名，包括 CRH1、CRH2、CRH3、CRH5、CRH6、CRH380 一共 6 个系列动车组，涵盖时速 200 ~ 350 公里等级的短编组座车、长编组座车、长编组卧铺车、高寒车、检测车。

"复兴号"CR 系列是中国标准动车组的总命名。CR 系列共分三个等级——CR200、CR300、CR400，数字表示设计最高时速，分别对应中国城际铁路、快速铁路、高速铁路不同时速要求。

一、"和谐号"CRH 系列动车组

CRH1 系列动车组主要包括 CRH1A、CRH1B、CRH1E、CRH1A-A 四种型号。

CRH1A（图 3.1）采用 5 动 3 拖 8 节编组模式，CRH1A-200 最高运营时速为 220 公里，总定员为 611 人，设计适用环境温度为零下 40℃至 40℃；CRH1A-250 最高运营时速为 250 公里，总定员为 668 人，设计适用环境温度为零下 25℃至 40℃。CRH1A 动车组具有动力足、爬坡强、噪声低等特点，于 2007 年 4 月 18 日投入运营。

CRH1B 是在 CRH1A 基础上扩编的 10 动 6 拖 16 节长编组，最高运营时速为 250 公里，总定员为 1 299 人，设计适用环境温度为零下 40℃至 40℃。CRH1B 动车组以载客量多为特点，于 2009 年 4 月 24 日投入运营。

CRH1E 卧铺动车组（图 3.2）是 CRH1A 和 CRH1B 的升级车型，采用 10 动

图3.1　最早出厂的CRH1A动车组

6拖16节编组，最高运营时速为250公里，总定员为642人，设计适用环境温度为零下40℃至40℃。CRH1E是世界上第一种时速达到250公里的高速卧铺动车组，具有客运距离长、乘坐舒适度高等特点，于2009年11月4日投入运营。

图3.2　"和谐号"CRH1E卧铺动车组

CRH1A-A（图3.3）是以CRH1A技术为基础，借鉴CRH380D技术而设计的新一代CRH1型动车组，采用4动4拖8节编组，最高运营时速为250公里，总定员为613人，设计适用环境温度为零下25℃至40℃。CRH1A-A的头型设计为流线型，车体也由原先的不锈钢材质更新为铝合金材质，具有气密性好、稳定性高、乘坐舒适度高等特点，于2016年2月1日投入运营。

图3.3　"和谐号"CRH1A-A动车组

CRH2系列动车组主要包括CRH2A、CRH2B、CRH2C、CRH2E、CRH2G、CRH2J六个型号。

CRH2A（图3.4）是以日本E2系动车组为原型再创新生产的动车组，采用5动3拖8节编组，最高运营时速为250公里，总定员为613人，设计适用环境温度为零下25℃至40℃。CRH2A于2007年1月28日投入运营，是2007年铁路第六次大提速的主力车型。

图3.4 "和谐号"CRH2A动车组（统型后车型）

CRH2B 是在 CRH2A 基础上扩编的 8 动 8 拖 16 节大编组动车组，最高运营时速为 250 公里，总定员为 1 230 人，设计适用环境温度为零下 25℃ 至 40℃。CRH2B 采取了双受电弓受流，于 2008 年 8 月 1 日投入时速 200 公里级别的合宁铁路运营。

CRH2C 是向日本川崎重工采购的 60 列高速动车，采取 6 动 2 拖 8 节编组，第一阶段车型最高运营时速为 300 公里，第二阶段车型最高运营时速为 380 公里，总定员为 610 人，设计适用环境温度为零下 25℃ 至 40℃。CRH2C 第一阶段 30 列动车是服务 2008 年北京奥运会的主力车型，第二阶段 30 列动车于 2010 年 2 月 1 日投入郑西高铁运营。

CRH2E 在是大编组 CRH2B 基础上自主创新的卧铺动车组，采用 8 动 8 拖 16 节编组，最高运营时速为 250 公里，总定员为 630 人，设计适用环境温度为零下 25℃ 至 40℃。CRH2E 在编组形式、动力配置、列车控制、管理系统、旅客界面等方面均有创新，于 2008 年 12 月 21 日投入运营。

CRH2G（图 3.5）是以 CRH2A 为技术平台，中国自主研发的时速 250 公里的耐高寒抗风沙动车组，能满足兰新客运专线技术条件并兼顾东北、西北、青藏高原等高寒条件，能在零下 40℃、11 级大风等极端气候环境下及 3600 米高海拔地区安全运营，于 2015 年 11 月 10 日投入运营。

图3.5 "和谐号"CRH2G高寒型动车组

CRH2J（图3.6）是在CRH2A技术平台上设计的时速250公里高速综合检测列车。检测车是对铁路基础设施，如轨道、接触网、信号系统、通信系统等进行综合检测的关键技术装备，为高速铁路的安全运营和维护保养提供技术支持。

图3.6 "黄医生"CRH2J高速综合检测车

CRH3动车组主要包括CRH3C和CRH3A两个型号。

CRH3C（图3.7）是向德国西门子公司采购的60列高速动车，采用4动4拖8节编组，最高运营时速为350公里，总定员为556人，设计适用环境温度为零下25℃至40℃。2008年8月1日，CRH3C投入京津城际铁路运营，是当时世界日常运营时速最快的动车组。2009年12月9日，CRH3C-3013在武广客运专线试验中，以最高时速394.2公里创造了两车重联状态下世界高速铁路最高运营速度。

图3.7 "和谐号"CRH3C动车组

CRH3A（图3.8）是以CRH380B为技术平台设计的具有自主知识产权的动车组，采用4动4拖8节编组，最高运营时速为250公里，总定员为613人，设计适用环境温度为零下25℃至40℃。

图3.8 "和谐号"CRH3A动车组（客运专线"黄金眼"）

CRH5动车组主要包括CRH5A、CRH5G、CRH5E、CRH5J四个型号。

CRH5A（图3.9）是以法国阿尔斯通Pendolino动车组为原型再创新生产的动车组，采用5动3拖8节编组，可实现两列重联运行，最高运营时速为250公里，总定员为686人，设计适用环境温度为零下40℃至40℃。CRH5A具有功率强劲、爬坡能力强等特点，于2007年4月18日投入运营。

图3.9　"和谐号"CRH5A动车组

CRH5G（图3.10）是在CRH5A技术平台上设计的车型，基本技术参数与CRH5A相同，最高运营时速为250公里，总定员为613人。CRH5G是一款耐高寒抗风沙车型，适用于兰新线高寒、高温、高海拔、强风沙、强紫外线等运营条件，于2014年12月26日投入运营。

图3.10　"和谐号"CRH5G动车组

CRH5E 卧铺动车组（图 3.11）是在 CRH5A 技术平台上设计的车型，采用 10 动 6 拖 16 节编组，最高运营时速为 250 公里，总定员为 908 人，设计适用环境温度为零下 40℃ 至 40℃，前部两个车灯就像两个可爱的"黑眼圈"，因此被称为"熊猫"。CRH5E 能够满足 2 500 公里长交路运行要求，于 2019 年 1 月 5 日投入运营。

图3.11　"和谐号"CRH5E卧铺动车组（熊猫）

CRH5J 是集通信信号检测车、会议车、接触网检测车、数据综合处理车、轨道检测车、卧铺车、信号检测车于一体的时速 250 公里高速铁路动态智能检测列车。

CRH6 主要包括 CRH6A、CRH6F 两个型号，是城际轨道交通的核心技术装备，主要满足中短途城市之间、区域城郊之间的通勤要求。CRH6A（图 3.12）最高运营时速为 200 公里，于 2014 年 2 月投入成灌快速铁路运营。CRH6F 最高运营时速为 160 公里，于 2016 年 12 月投入株潭城际铁路运营。

CRH380 主要包括 CRH380A、CRH380AL、CRH380AJ、CRH380AM、CRH380BL、CRH380BG、CRH380BJ-A、CRH380C、CRH380CL、CRH380D 等多个型号。

图3.12　"和谐号"CRH6A城际动车组

CRH380A（图3.13、图3.14）是在CRH2C基础上自主研制的车型，采用6动2拖8节编组，最高运营时速为350公里，总定员为556人，设计适用环境温度为零下25℃至40℃。2010年9月28日，CRH380A在沪杭客运专线试运行时，创造了最高时速416.6公里纪录，于2010年9月30日投入运营。CRH380AL是CRH380A的加长版，采用14动2拖16节编组，最高运营时速为350公里，总定员为1061人，设计适用环境温度为零下25℃至40℃。CRH380AL创造了时速486.1公里试验速度，刷新了CRH380A的试验纪录。CRH380AJ是在CRH380A技术平台上研制的时速400公里高速综合检测车，主要负责京沪高铁的检测工作。CRH380AM是集轨道检测、弓网检测、通信检测于一体的时速500公里试验列车，曾在实验室滚动台上创造出时速605公里纪录。

图3.13　"和谐号"CRH380A动车组

图3.14 "和谐号"CRH380A动车组（港铁版）

CRH380B 是在 CRH3C 基础上研发的中国高速动车组，最高试验时速为 400 公里，设计适用环境温度为零下 25℃ 至 40℃，于 2014 年 3 月 29 日投入运营。CRH380BL 采用 8 动 8 拖 16 节编组，最高运营时速为 350 公里，总定员为 1 053 人，设计适用环境温度为零下 25℃ 至 40℃。CRH380BL 采用了欧洲设计标准，在运营速度、牵引功率、网络控制、制动安全、旅客界面等方面已达到世界先进水平，于 2010 年 12 月 31 日投入运营。CRH380BG（图 3.15）是在 CRH380BL、CRH5A 基础上研制的车型，采用 4 动 4 拖 8 节编组，最高运营时速为 350 公里，总定员为 556 人，设计适用环境温度为零下 40℃ 至 40℃。CRH380BG 具有隔热性好、抗冰雪性强特点，适用于低温多雪、长交路、大区域跨度的高寒条件，于 2012 年 1 月 26 日投入运营。

图3.15 "和谐号"CRH380BG动车组

CRH380CL（图 3.16）是在 CRH380BL 基础上研制的车型，采用 8 动 8 拖 16 节编组，最高运营时速为 350 公里，总定员为 1 053 人，设计适用环境温度为零下 25℃ 至 40℃。CRH380CL 采用低阻力流线型车头和新型网络控制系统，进一步提升了车辆自动化程度、主动安全与被动安全可靠性，于 2013 年 7 月 11 日投入运营。CRH380D 是以德国庞巴迪 ZEFIRO 动车组为技术平台，在 CRH1 动车组的设计、生产、运用基础上研制开发的车型，2015 年 5 月 19 日投入运营。

图3.16　"和谐号"CRH380CL动车组

"和谐号"动车组各型号主要参数对比见表 3.1。

表 3.1　"和谐号"动车组各型号主要参数对比

列车车型	车辆编组	运营时速 /公里	总定员 /人	工作温度	装机功率 /千瓦
CRH1A	5 动 3 拖	250	668	−40℃ 至 40℃	5 300
CRH1B	10 动 6 拖	250	1 299	−40℃ 至 40℃	10 600
CRH1E	10 动 6 拖	250	642	−40℃ 至 40℃	10 600
CRH1A-A	4 动 4 拖	250	613	−25℃ 至 40℃	5 500
CRH2A	5 动 3 拖	250	613	−25℃ 至 40℃	4 800
CRH2B	8 动 8 拖	250	1 230	−25℃ 至 40℃	9 600

续表

列车车型	车辆编组	运营时速/公里	总定员/人	工作温度	装机功率/千瓦
CRH2C	6 动 2 拖	350	610	−25℃ 至 40℃	8 760
CRH2E	8 动 8 拖	250	630	−25℃ 至 40℃	9 600
CRH2G	4 动 4 拖	250	610	−40℃ 至 40℃	4 800
CRH2J	时速 250 公里高速综合测试列车				4 800
CRH3C	4 动 4 拖	350	556	−25℃ 至 40℃	8 992
CRH3A	4 动 4 拖	250	613	−25℃ 至 40℃	5 888
CRH5A	5 动 3 拖	250	686	−40℃ 至 40℃	5 680
CRH5G	5 动 3 拖	275	613	−25℃ 至 40℃	5 680
CRH5E	10 动 6 拖	250	908	−40℃ 至 40℃	11 360
CRH5J	时速 250 公里高速综合测试列车				5 680
CRH6A	时速 200 公里城际轨道交通车型				5 520
CRH6F	时速 160 公里城际轨道交通车型				5 152
CRH380A	6 动 2 拖	350	556	−25℃ 至 40℃	9 600
CRH380AL	14 动 2 拖	350	1061	−25℃ 至 40℃	21 560
CRH380AJ	时速 400 公里高速综合检测车				12 320
CRH380AM	时速 500 公里试验列车				22 800
CRH380BL	8 动 8 拖	350	1053	−25℃ 至 40℃	9 376
CRH380BG	4 动 4 拖	350	556	−40℃ 至 40℃	9 376
CRH380BJ-A	高寒地区高速综合测试列车				9 376
CRH380CL	8 动 8 拖	350	1053	−25℃ 至 40℃	19 680

二、"复兴号" CR 系列动车组

新一代标准动车组"复兴号"是中国自主研发、具有完全自主知识产权的高速列车。

"复兴号"动车组分为 CR400、CR300、CR200 三个系列，400 指运营时速 350 公里、300 指运营时速 250 公里、200 指运营时速 160 公里。CR300 是在时速 300 公里中国标准动车组成功研制基础上，为满足时速 250 公里线路和客流而设计的车型。CR300 与 CR400 在技术体系、运用体系、制造体系等方面已实现系列化。CR200 基于现有准高速机车设计，其中：FXD1-J 和 FXD3-J 分别基于 FXD1 型电力机车和 FXD3 型电力机车设计（CR200J 型动车组、CR200J2 型鼓形动车组）；HXD1D-J 和 FXN3-J 分别基于 HXD1D 型电力机车和 FXN3 型内燃机车设计（CR200J 高原动车组）。

CR400 包括 CR400AF（图 3.17、图 3.18）、CR400AF-A、CR400AF-B（图 3.19）、CR400AF-C、CR400AF-G、CR400AF-Z、CR400AF-BZ、CR400BF（图 3.20、图 3.21）、CR400BF-A、CR400BF-B、CR400BF-C（图 3.22）、CR400BF-G、CR400BF-Z、CR400BF-BZ、CR400BF-GZ、CR300AF（图 3.23）、CR200J（图 3.24、图 3.25）等多个型号。"A"和"B"是生产厂家的标识（A 代表南车，B 代表北车）；"F"和"J"为技术类型代码（F 表示分散动力式，J 表示集中动力式）；"-A"表示 16 辆编组的长编组列车；"-B"表示 17 辆编组的超长编组列车；"-C"表示智能动车组，其中 CR400BF-C 为京张高速铁路专用，CR400AF-C 为京雄城际铁路专用；"-G"表示高寒动车组；"-Z"表示量产智能动车组；"-BZ"表示 17 辆编组的智能动车组；"-GZ"表示高寒智能动车组。"复兴号"动车组的"七大"突出优点见表 3.2，各型号主要参数对比见表 3.3 ~ 表 3.6。

图3.17 "复兴号"CR400AF动车组

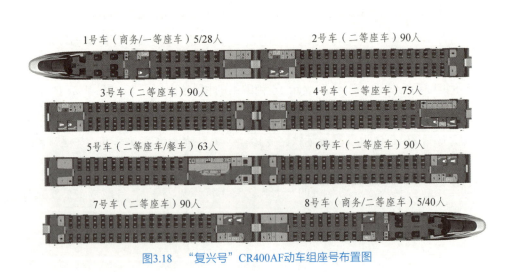

1号车（商务/一等座车）5/28人 　　　2号车（二等座车）90人

3号车（二等座车）90人 　　　4号车（二等座车）75人

5号车（二等座车/餐车）63人 　　　6号车（二等座车）90人

7号车（二等座车）90人 　　　8号车（商务/二等座车）5/40人

图3.18 "复兴号"CR400AF动车组座号布置图

图3.19　"复兴号"CR400AF-B动车组

图3.20　"复兴号"CR400BF动车组

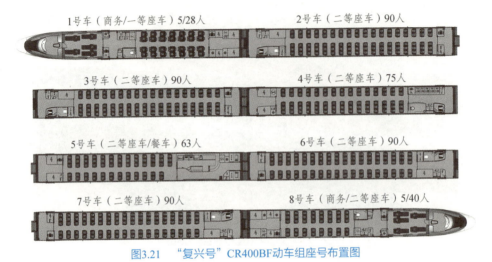

1号车（商务/一等座车）5/28人　　2号车（二等座车）90人

3号车（二等座车）90人　　4号车（二等座车）75人

5号车（二等座车/餐车）63人　　6号车（二等座车）90人

7号车（二等座车）90人　　8号车（商务/二等座车）5/40人

图3.21　"复兴号"CR400BF动车组座号布置图

图3.22　"复兴号"CR400BF-C动车组（冬奥版）

图3.23 "复兴号"CR300AF动车组

图3.24 "复兴号"CR200J动车组

图3.25 "复兴号"CR200J动车组（高原版）

表 3.2　"复兴号"动车组的"七大"突出优点

自主研发	"复兴号"采用全新自主设计，车辆总体设计及车体、转向架、牵引、制动、网络等关键技术均为自主研发，具有完整自主知识产权，共申请受理发明专利 31 件、实用新型专利 39 件、外观专利 12 项。
性能更优	"复兴号"针对适应中国地域广阔的特点设计研发，能适应高温、高寒、高原等复杂运营环境，还能适应大运量、长距离等特有运输需要。
寿命更长	为适应中国地域广阔、温度横跨正负 40℃、长距离、高强度等运行需求，"复兴号"进行了 60 万公里运用考核，比欧洲标准多出 20 万公里。"复兴号"设计寿命为 30 年，"和谐号"设计寿命为 20 年。
更绿色更低碳	采用全新低阻力流线型头型和车体平顺化设计，使列车不仅外观看起来更美，而且运行总阻力大幅降低，CR400AF 定员载荷在 350 公里／时阻力比 CRH380A 降低 12.3%，CR400BF 比 CRH380B 降低 7.5%。CR400AF 在 350 公里时速下运行，人均每公里能耗 3.63 千瓦时，较 CRH380A 下降 17%。
容量更大	"复兴号"高度从 3 700 毫米增高到 4 050 毫米，总定员标准由 556 人增加到 576 人。在列车断面增加、空间增大、时速 350 公里运行环境下，高铁运行阻力、人均每百公里能耗以及车内噪声均明显下降。
智能化更好	"复兴号"为乘客提供了更为舒适和人性化的乘车环境。座椅间距统一扩大，每个座椅下方配备插座，供车内随时充电；空调系统设计充分考虑减小车外压力波影响，乘客不会在列车通过隧道或会车时感到耳部不适；列车还配置了多种照明控制模式和 Wi-Fi 网络全覆盖。
安全性更高	"复兴号"设置了智能化感知系统，建立了强大的安全监测系统，全车部署了 2 500 余项监测点，比以往监测点最多的车型还多出约 500 个，能够对走行部状态、轴承温度、冷却系统温度、制动系统状态、客室环境进行全方位实时监测。列车如出现异常，可自动报警或预警，并能根据安全策略自动采取限速或停车措施。"复兴号"在车头部和车厢连接处，还增设碰撞吸能装置，如在低速运行中出现意外碰撞，可通过装置变形提高动车组被动防护能力。

表 3.3 "复兴号" CR400AF 系列动车组主要参数对比

型号	车辆编组	运营时速 /公里	总定员 /人	装机功率 /千瓦	特性
CR400AF	4 动 4 拖	350	576	10 000	
CR400AF-A	8 动 8 拖	350	1 193	20 000	
CR400AF-B	8 动 9 拖	350	1 280	20 000	
CR400AF-C	4 动 4 拖	350	578	10 000	智能动车组
CR400AF-G	4 动 4 拖	350	576	10 000	耐高寒抗风沙
CR400AF-J	时速 400 公里高速综合测试列车				
CR400AF-S	8 动 8 拖	350	1572	20 000	双层动车组
CR400AF-Z	4 动 4 拖	350	578	10 000	智能动车组
CR400AF-BZ	8 动 9 拖	350	1 285	20 000	智能动车组
KCIC400AF	4 动 4 拖	350	610	10 000	出口印尼雅万高铁
CR400AF	4 动 4 拖	350	货运	10 000	

表 3.4 "复兴号" CR400BF 系列动车组主要参数对比

型号	车辆编组	运营时速 /公里	总定员 /人	装机功率 /千瓦	投运时间
CR400BF	4 动 4 拖	350	576	10 400	2017 年 6 月
CR400BF-A	8 动 8 拖	350	1193	20 800	2018 年 6 月
CR400BF-B	8 动 9 拖	350	1283	20 800	2019 年 1 月
CR400BF-G	4 动 4 拖	350	576	10 400	2022 年 3 月
CR400BF	4 动 4 拖	350	货运	10 400	

表 3.5 "复兴号"CR300 系列动车组主要参数对比

型号	车辆编组	运营时速 /公里	总定员 /人	装机功率 /千瓦	投运时间
CR300AF	4 动 4 拖	250	613	5 600	2020 年 12 月
CR300BF	4 动 4 拖	250	613	5 600	2020 年 12 月

表 3.6 "复兴号"CR200 系列时速 160 公里动车组主要参数对比

（特性：耐高寒、抗风沙、高海拔）

型号	车辆编组	总定员 /人	装机功率 /千瓦	投运时间
CR200J1-B	1 动 8 拖	720	5 720	2021 年 12 月
CR200J1-D	1 动 8 拖	676	7 344	2022 年 11 月
CR200JS-G	3 动 9 拖	755	12 920	2021 年 6 月
CR200J2-B	1 动 8 拖	720	5 720	2021 年 6 月
CR200J3-B	1 动 8 拖	720	5 720	2021 年 9 月
CR200J3-C	1 动 8 拖	676	5 720	2022 年 12 月

目前，在具有完全自主知识产权的"复兴号"动车组所采用的 254 项重要标准中，中国技术标准（国家标准、行业标准、企业标准）已占到 84% 的比例，"复兴号"动车组技术已是全球高铁领先水平。但是，从装备制造角度上讲，"复兴号"的国产化率只有 97%，还有 3% 的关键技术仍未完全掌握，部分高铁零部件依然依靠进口。因此，国铁集团于 2021 年 1 月正式启动"CR450 科技创新工程"，该工程旨在开展系统集成、轮轴驱动、制动控制、减震降噪等核心技术攻关，研发更安全、更环保、更节能、更智能的"复兴号"新产品，进一步巩固中国高铁

产业的领先优势[①]，该工程也作为 102 项国家重点工程之一被整体纳入"十四五"规划。同年 12 月，国家铁路局发布《"十四五"铁路科技创新规划》，《规划》指出"十四五"期间，要聚焦装备领域关键技术，推进更高速智能动车组、先进载运装备、现代工程装备研制，加快关键核心技术攻关，推动技术装备高端化、智能化、谱系化发展，打造现代化装备体系（表 3.7）。[②]

表 3.7　技术装备领域重点工程

序号	项　目
1	实施 CR450 科技创新工程
2	建设时速 400 公里级高速列车全流程试验验证平台
3	建立时速 400 公里高速铁路技术标准体系
4	实施装备轻量化技术升级工程
5	开展具备无人自主作业能力的施工和养护装备应用示范
6	研制高速铁路新型箱梁制运架、超大型架梁起重机、变跨缆载吊机等新型桥梁运架装备
7	实施高速列车转向架用轴承关键核心技术攻关工程，建成产品创新能力平台
8	研制新型中国列车运行控制系统（CTCS）
9	实施高速列车用 IGBT 芯片成套技术提升工程
10	建设铁路电磁环境效应研究与测试平台

---

① 中国网．国铁集团：实施"CR450科技创新工程"研发更智能复兴号新产品[EB/OL]．（2021-01-04）[2023-05-16]．http://news.china.com.cn/txt/2021/01/04/content_77079147.htm．

② 中国政府网．国家铁路局关于印发《"十四五"铁路科技创新规划》的通知[EB/OL]．（2021-12-24）[2023-05-16]．https://www.gov.cn/zhengce/zhengceku/2021-12-24/content_5664357.htm．

三、路线规划与成网运营

1990 年 12 月，铁道部在《京沪高速铁路线路方案构想报告》中第一次提出中国高速铁路建设计划。1991 年 12 月 28 日，广深准高速铁路技术改造工程正式启动，该工程总投资额为 48 亿元，改造线路总长为 147 公里。1994 年 12 月 22 日，广深准高铁正式开通，时速 160 公里的"春光号"列车正式运营。1999 年 8 月 16 日，中国第一条高速动车组试验线路——秦沈客运专线动工建设，2003 年 10 月 11 日，设计时速 250 公里的秦沈客运专线全线建成通车，成为中国首条高速铁路。

2004 年 1 月 7 日，国务院审议通过了《中长期铁路网规划》，确定的发展目标是：到 2020 年，我国铁路营业里程达到 10 万公里，主要繁忙干线实现客货分线，建设客运专线 1.2 万公里以上，客车速度目标值达到 200 公里／时及以上，复线率和电化率均达到 50%。[①]

2005 年 6 月 11 日，《中长期铁路网规划》中第一条高速铁路——石太铁路客运专线[②]正式动工开建。该双线电气化高速客运专线正线全长为 189.93 公里，总投资额为 178 亿元，于 2009 年 4 月 1 日开通运营，设计时速为 250 公里，运行时速为 200 公里，动车组主要采用"和谐号"CRH5 和 CRH380AL。

2005 年 6 月 23 日，《中长期铁路网规划》中第一条设计时速 350 公里的

[①] 具体建设内容为：一是建设"四纵"客运专线：北京—上海客运专线，贯通京津至长江三角洲东部沿海经济发达地区；北京—武汉—广州—深圳客运专线，连接华北和华南地区；北京—沈阳—哈尔滨（大连）客运专线，连接东北和关内地区；杭州—宁波—福州—深圳客运专线，连接长江、珠江三角洲和东南沿海地区。二是建设"四横"客运专线：徐州—郑州—兰州客运专线，连接西北和华东地区；杭州—南昌—长沙客运专线，连接华中和华东地区；青岛—石家庄—太原客运专线，连接华北和华东地区；南京—武汉—重庆—成都客运专线，连接西南和华东地区。三是建设三个城际客运系统：环渤海地区、长江三角洲地区、珠江三角洲地区城际客运系统，覆盖区域内主要城镇。参见：国家发改委网. 国家《中长期铁路网规划》内容简介. https://www.ndrc.gov.cn/fggz/zcssfz/zcgh/200507/t20050720_1145646.html.

[②] 2009年4月1日石太客运专线开通运营时，东起石家庄北站，途经河北石家庄市、鹿泉区、井陉县，山西省盂县、寿阳县、阳曲县和太原市，其间的主要客运站为阳泉北站，止于太原站。2012年12月21日，新石家庄火车站正式竣工运营，石太客运专线东起点延长至石家庄站。2014年7月1日，伴随大西客运专线（太原南—西安北段）和太原南站开通运营，所有动车组与高速动车组始发与终到作业均移至南站，石太客运专线西终点相应延长至太原南站。

武广铁路客运专线正式动工开建。该线路全长 1 068.6 公里，总投资 1 166 亿元，全线基本采用无砟轨道，全线桥隧总长 579.549 公里，是世界上一次建成里程最长、工程类型最复杂的高速铁路，于 2009 年 12 月 26 日开通运营，动车组主要采用"和谐号"CRH2C 和 CRH3C。

2005 年 7 月 4 日，《中长期铁路网规划》中的第一条按照时速 350 公里运营的城际客运专线——京津城际铁路正式动工开建。该线路全长 120 公里，总投资 133.24 亿元，是中国第一条具有完全自主知识产权、世界一流水平的高速铁路，于 2008 年 8 月 1 日开通运营，动车组主要采用"和谐号"CRH2C 和 CRH3。

为进一步适应全面建设小康社会的目标要求，国家于 2007 年 11 月、2008 年 10 月接连批准《综合交通网中长期发展规划》和《中长期铁路网规划（2008 年调整）》，要求结合铁路客运专线做好主要节点城市综合交通枢纽建设布局，规划建设铁路客运专线和城际轨道交通线路 1.5 万公里以上[1]，并明确提出建立省会城市及大中城市间的快速客运通道，将 2020 年全国铁路营业里程规划目标由 10 万公里调整到 12 万公里，将客运专线建设目标从 1.2 万公里调整到 1.6 万公里以上。[2]这两份政策文件实质上明确了中国高铁将以"四纵四横"为发展规划，建设并形成时速 200 公里铁路客运快速通道，标志着中国高铁网络建设正式迈入加速扩张阶段。此外，2007 年 3 月，铁道部发布《新建时速 300 ~ 350 公里客运专线铁路设计暂行规定》，对高铁建设进行科学规范。2009 年 10 月，铁道部发布《高速铁路设计规范（试行）》（TB 10621—2009），标志中国高铁建设整体走向统一规范。

2007 年 8 月 23 日，中国高寒地区客流量最大、运输最繁忙、运营里程最长的高速铁路——哈大高铁全线开工。该线路全长 921 公里，设计时速为 350 公里，运营时速为 300 公里，于 2012 年 12 月 1 日投入运营，动车组主要采用"和谐号"CRH380BG。

---

[1] 国家发改委网. 综合交通网中长期发展规划. https://www.ndrc.gov.cn/fggz/zcssfz/zcgh/200906/W020190910670432031818.pdf.

[2] 国家发改委网. 中长期铁路网规划（2008年调整）. https://www.ndrc.gov.cn/fggz/zcssfz/zcgh/200906/W020190910670447076716.pdf.

2008 年 4 月 18 日，总投资额为 2 209.4 亿元、运营时速 350 公里、全线运用无砟轨道技术、全长 1 318 公里的京沪高铁全线开工。京沪高铁是中国投资最大、运营最繁忙的高速铁路，也是世界上一次建成路线最长、技术标准最高的高速铁路，于 2011 年 6 月 30 日正式通车。动车组主要采用"和谐号"CRH380A（L）、CRH380B（L）、CRH380C（L）、CRH380D 和"复兴号"CR400AF、CR400BF。

2010 年 2 月 6 日，开建于 2005 年 9 月 25 日的中国中西部地区第一条时速 350 公里的高速铁路——郑西高铁正式开通运营。该线路全长 523 公里，是世界上首条修建在大面积湿陷性黄土地区的高速铁路，动车组主要采用"和谐号"CRH2。

2010 年 7 月 1 日，开建于 2008 年 7 月 1 日的中国长江三角洲地区城际客运铁路线网主骨架——沪宁城际高铁正式开通运营。该线路全长 301 公里，设计时速为 350 公里，运营时速为 300 公里，是世界上标准最高、里程最长、运营速度最快的城际高速铁路，动车组主要采用"和谐号"CRH3 和"复兴号"CR400AF、CR400BF。

2011 年 3 月国家颁布《中华人民共和国国民经济和社会发展第十二个五年规划纲要》，正式将高速列车制造纳入战略性新兴产业创新发展工程，并要求加快发展高速铁路，基本建成快速铁路网，基本形成综合交通运输体系。[①] 同年 6 月，由中国自主研发制造的 100 列 CRH380 型动车组，在设计时速 350 公里的京沪线上投入运营，标志着中国高速动车组开始跻身世界先进行列。2012 年 3 月，国家发布《"十二五"综合交通运输体系规划》，确定将发展高速铁路纳入综合交通体系建设，加快构建大能力运输通道，贯通北京至哈尔滨（大连）、北京至上海、上海至深圳、北京至深圳及青岛至太原、徐州至兰州、上海至成都、上海至昆明等"四纵四横"客运专线，基本建成国家快速铁路网，见表 3.8。[②]

---

① 中国政府网. 中华人民共和国国民经济和社会发展第十二个五年规划纲要. http://www.gov.cn/2011lh/content_1825838_4.htm.
② 国家发改委网."十二五"综合交通运输体系规划. https://www.ndrc.gov.cn/fggz/zcssfz/zcgh/201207/t20120723_1145674.html.

表3.8 "十二五"轨道交通网络重点工程

快速铁路	建设兰新铁路第二双线、京沈客专、北京至呼和浩特、哈尔滨至佳木斯、郑州至重庆、银川至西安、深圳至茂名、长春至白城、杭州至黄山、上海至南通、商丘至合肥至杭州、青岛至连云港、九景衢、黔张常、怀邵衡、海南西环、拉萨至林芝等快速铁路，实施成都至昆明、兰州至银川、重庆至怀化、哈尔滨至牡丹江、南昌至赣州、广州至梅州至汕头铁路提速扩能，扩大快速列车开行范围。研究建设琼州海峡跨海通道工程、川藏铁路。
城际铁路	优化京津冀地区、长江三角洲地区、珠江三角洲地区城际轨道交通布局和建设，加快建设基本骨架，逐步推进部分路网加密线、外围延长线及内部联络线的建设，基本形成网络，提高轨道交通区域一体化和同城化程度。在山东半岛地区、江淮地区、中原城市群、武汉城市圈、长株潭城市群、关中—天水地区、辽中南地区、重庆经济区和成都经济区，规划建设以中心城市为依托、周边中小城市为重点、有效发挥辐射作用的骨干线路，拓展发展空间，提高产业和人口承载能力。在哈大齐工业走廊和牡绥地区、长吉图经济区、海峡西岸经济区、北部湾地区，以充分利用既有铁路资源与建设新线相结合，实现城际轨道交通快速服务，强化城市间经济联系和功能分工。根据冀中南地区、太原城市群、鄱阳湖生态经济区、呼包鄂榆地区、兰州—西宁地区、宁夏沿黄经济区、黔中地区、滇中地区、藏中南地区和天山北坡地区等区域的城镇化发展趋势和要求，适时规划建设城际轨道交通。

　　"十二五"期间，开建于2005年6月23日的中国铁路南北大动脉、国家战略大通道——京广高铁于2012年12月26日全线开通运营。该线路全长2 291公里，设计时速为350公里，运营时速为300公里，既是中国客运量最大、列车数量最多的高速铁路，也是世界上运营里程最长的高速铁路，动车组主要采用"和谐号"CRH2、CRH380A和"复兴号"CR400AF。

2014 年 12 月 26 日，中国西部铁路运输网络主干线——兰新高铁[①]全线开通运营。该线路全长 1 775.779 公里，设计时速为 250 公里，运营时速为 200 公里，是世界上一次性建成通车里程最长的高速铁路，动车组主要采用"和谐号"CRH5A、CRH5G、CRH2G。

2015 年 12 月 30 日，世界上第一条热带高铁线路——海南环岛高铁全线开通运营。该线路沿海南岛海岸线环行铺设，全长 653 公里，为一条封闭的大型环形铁路。[②] 整个环线设计时速为 200 ~ 250 公里，最高运营时速为 250 公里，动车组主要采用"和谐号"CRH1。

据统计，在"十二五"期间，中国铁路完成固定资产投资从 5 906.09 亿元增长到 8 238 亿元，增幅 39.48%；投产新线里程从 2 167 公里增长到 9 531 公里，增幅 339.82%；五年间，共完成固定资产投资 3.58 亿元、新线投产 3.05 万公里，较"十一五"期间分别增长 47.3%、109%；截至 2015 年年末，中国铁路网规模跃居世界第二，总里程达到 12.1 万公里，比"十一五"末增加 3 万公里，增幅 33%。其中：复线里程 6.4 万公里，比"十一五"末增加 2.7 万公里，增幅 72.9%；电气化里程 7.4 万公里，比"十一五"末增加 3.2 万公里，增幅 76.2%；

---

① 2016—2021 年，兰新高铁张家庄隧道山体发生多次变形，虽经长时间封闭大修，仍无法根治，导致兰州和西宁间区间行车中断，动车组只能在兰新普速铁路上低速开行。2022 年 1 月 8 日，青海省门源县发生 6.9 级地震，对兰新高铁穿越祁连山段的线路、桥梁、隧道结构造成破坏，导致该区段行车中断。随后，铁路部门在西宁至张掖段对破坏的线路、桥梁、隧道实施重建并对张家庄隧道进行改线绕避。其中，张家庄隧道绕避改线工程于 2022 年 3 月正式开工，项目新建隧道 4.12 公里，改建隧道 0.69 公里。2022 年 9 月 15 日，位于西宁市以北约 8 公里的九家湾突发山体滑坡，造成兰新高铁二十里铺特大桥部分桥梁结构受损，行车中断。随后，铁路部门组织开展了兰新高铁兰州至西宁段线路整治和提质改造工程，同时对西宁至张掖段实施了滑坡灾害治理工程。据中国铁路官方消息，2023 年 7 月 1 日，兰新高铁兰州至西宁段已正式恢复运行，并实现时速 250 公里正常运营。

② 东环线路北起海口市，南至三亚市，途经文昌、琼海、万宁、陵水等地区，全长 308 公里；西环线路从海口站引出，沿着海南岛的西部海岸区域，途经洋浦、昌江、东方、乐东、崖城等地，南至三亚站接东环线，全长 345 公里。截至 2015 年，海南环岛铁路共有 26 座客货站，由北向南、从东环至西环方向依次为海口站、海口东站、美兰站、文昌站、琼海站、博鳌站、和乐站、万宁站、神州站、陵水站、亚龙湾站、三亚站、凤凰机场站、崖州站、乐东站、黄流站、尖峰站、金月湾站、东方站、棋子湾站、海头站、白马井站、银滩站、临高南站、福山镇站、老城镇站。截至 2019 年 1 月 26 日，和乐站与海头站暂未开通客运。

复线率和电气化率分别达到 52.9% 和 60.8%，比"十一五"末分别提高 11.8 和 14.2 个百分点；高速铁路运营里程超过 1.9 万公里，比"十一五"末增加 1.4 万公里，增幅 272.55%。[①]

2016 年 3 月，国家颁布《中华人民共和国国民经济和社会发展第十三个五年规划纲要》，在优化现代产业体系部分，提出实施制造强国战略，将研制先进轨道交通装备和设立高速列车国家技术创新中心整体纳入《中国制造 2025》，以此直接对接振兴实体经济和供给侧结构性改革；在完善现代综合交通运输体系部分，提出将高速铁路营业里程由 1.6 万公里翻倍提升至 3 万公里，要求高速铁路成网覆盖全国 80% 以上大城市[②]，推动构建内通外联的运输通道网络、城市群交通体系以及一体衔接的综合交通枢纽。这是国家首次对中国高铁"四纵四横"发展规划进行战略拓展，即把高铁功能定位直接锚定于城市化建设和城市群发展，从根本上确定了中国高铁工业化 + 城市化的战略定位。

2016 年 7 月，国家发布《中长期铁路网规划》（2016—2030），《规划》明确提出，建成高速铁路网连接主要城市群，基本连接省会城市和其他 50 万人口以上大中城市，形成以特大城市为中心覆盖全国、以省会城市为支点覆盖周边的高速铁路网，实现相邻大中城市间 1 ~ 4 小时交通圈，城市群内 0.5 ~ 2 小时交通圈。[③]2017 年 11 月国家在《铁路"十三五"发展规划》中再次明确提出，在贯通"四纵四横"高速铁路主骨架的基础上，推进"八纵八横"主通道建设，推动更大范围更高水平更深层次区域协同合作，以此缩小地区发展差距，为推进"一带一路"建设部署、区域发展总体战略以及决胜全面建成小康社会提供支撑。[④] 这是继国家对中国高铁发展进行战略拓展之后的又一次战略扩容，不仅将高铁的网络容量由原先的"四纵四横"扩展至"八纵八横"，还将高铁的连

---

① 国家发改委网．"十二五"期间轨道交通（铁路）发展回顾.https://www.ndrc.gov.cn/xwdt/gdzt/xyqqd/201712/t20171221_1197821.html．

② 中国政府网．中华人民共和国国民经济和社会发展第十三个五年规划纲要.https://www.gov.cn/xinwen/2016-03/17/content_5054992.htm．

③ 国家发改委网．中长期铁路网规划[EB/OL]．（2016-07-20）[2023-05-31]．https://www.ndrc.gov.cn/xxgk/zcfb/ghwb/201607/W020190905497828820842．pdf.

④ 中国政府网．关于印发《铁路"十三五"发展规划》的通知.https://www.gov.cn/xinwen/2017-11/24/5242034/files/0c903bd66a9d47fd8acb4db8b9816aa9．pdf.

接范围从原先的主要节点城市扩大至大中城市及主要城市群，推动其成为主导城市间、区域间联络实体经济的重要交通纽带，促进中国高铁在更大的国土空间上成网运营。

据统计，在"十三五"期间，中国铁路营业里程增加到 14.63 万公里，比"十二五"末的 12.10 万公里增长 20.9%，复线率由 53.5% 增长到 59.5%，电气化率由 61.8% 增长到 72.8%，其中，高铁营业里程达到 3.8 万公里，比"十二五"末的 1.98 万公里翻了近一番，已覆盖 95% 的 100 万人口及以上的城市。"四纵四横"高铁网提前建成，"八纵八横"高铁网正加密成型，中西部地区铁路网不断完善，到"十三五"末已基本形成布局合理、覆盖广泛、层次分明、安全高效的铁路网络。[1]

2021 年 2 月，国家发布《国家综合立体交通网规划纲要》，《纲要》要求京津冀、长三角、粤港澳大湾区、成渝地区双城经济圈等重点城市群率先建成城际铁路网，其他城市群城际铁路逐步成网，基本实现全国县级行政中心 15 分钟上国道、30 分钟上高速公路、60 分钟上铁路，市地级行政中心 45 分钟上高速铁路、60 分钟到机场，基本实现"全国 123 出行交通圈"（都市区 1 小时通勤、城市群 2 小时通达、全国主要城市 3 小时覆盖）。[2]同年 12 月 9 日，国家发布《"十四五"现代综合交通运输体系发展规划》，《规划》明确提出，到 2025 年中国高铁运营里程达到 5 万公里，覆盖 95% 以上的 50 万人口以上城市。截至 2023 年底，中国高铁运营总里程已达到 4.5 万公里。中国已建成全球最大规模的高速铁路网络。

[1] 中国政府网. 国务院新闻办发布会介绍交通运输"十三五"发展成就. https://www.gov.cn/xinwen/2020-10/22/content_5553479.htm.

[2] 中国政府网. 国家综合立体交通网规划纲要.https://www.gov.cn/gongbao/content/2021/content_5593440.htm.

第四章　中国高铁的关键技术与核心系统

经过前文的讲述，我们已经对中国高铁的发展历程、车型演变以及线路规划有了基本的认知，接下来我们将一起进入高速动车组内部，对列车的技术细节和系统配置一探究竟。

众所周知，中国已经成功构建起了装备技术齐全且具有完全自主知识产权的高速铁路技术体系，该体系覆盖勘察设计、工程建造、高速列车、牵引供电、运营管理、安全保障等诸多方面，总体技术水平已迈入世界先进行列，部分领域已达到世界领先水平。[①] 那么，中国究竟掌握和攻克了什么核心技术、掌握和研发了什么关键系统才能让时速 350 公里的中国标准动车组"复兴号"成为世界上跑得最快、最安全的高速列车？

一、高速列车九大关键技术

总体而言，高速列车的关键技术主要包括动车组总成、车体、转向架、牵引电动机、牵引变压器、牵引变流器、传动控制系统、制动控制系统、控制网络系统等九大关键技术。[②]

（一）动车组总成

技术关键词：总体方案＋匹配关系

高速列车总成又称系统集成，即通过总体方案和技术指标对动车组车体、转

---

① 人民网. 国家铁路局：我国铁路总体技术水平迈入世界先进行列[EB/OL]. （2022-06-10）[2023-05-31]. http://finance.people.com.cn/n1/2022/0610/c1004-32443606.html.

② 卢春房. 中国高速铁路的技术特点[J]. 科技导报，2015，33（18）：13-19.

向架、牵引传动、列车制动、列车控制网络、辅助供电、车辆连接等进行科学选择与合理优化，使动车组在实际运行中满足牵引制动、车辆动力学、列车空气动力学、列车安全性、乘客舒适性等各项设计参数及性能指标要求。系统集成技术主要负责确定动车组总成与列车运行系统的匹配关系和接口关系，例如轮轨关系接口（包括轨距、车轮踏面、内侧距等）、弓网关系接口（包括接触网类型、接触网波速等）、流固耦合关系接口（保证列车安全运行的环境风控制范围）、机电耦合关系接口（确定引起牵引供电网电压振荡的临界条件和综合解决方案）、环境耦合关系接口（确定高速列车的噪声和噪声声强控制值）等，使动车组与工务工程、牵引供电、通信信号等系统之间实现最佳匹配，确保高速列车的平稳性、安全性和舒适性。

（二）车体

技术关键词：轻量化 + 气密性 + 气动外形

高速列车车体设计主要包括车体的轻量化、气密性和头型的流线型气动外形。从合理减小动车组自重以及减少列车运行中对轨道的冲击力的根本角度出发，车体通常采用薄壁筒形中空铝合金型材。目前，中国标准动车组车体采用的是大截面中空挤压型材铝合金筒形结构（图4.1）。车体的铝合金骨架是列车的载运主体，车体不仅要负担列车所有固定或悬挂的部件以及乘客的总重量，还要承受来自两车交会时产生的空气动力波，因此在实际设计应用时，不仅要考虑好车体的结构

图4.1 中国标准动车组车体外立面

强度、气密强度、安全强度、载重强度，还要计算好列车在运行中所受到的外部载荷。此外，头型设计也至关重要，动车组头型一般采用流线型气动外形（图4.2），此设计将有助于缓解列车在高速运行、穿越隧道、两车交会时产生的空气阻力、气动噪声、交会压力波等一系列空气动力学问题。

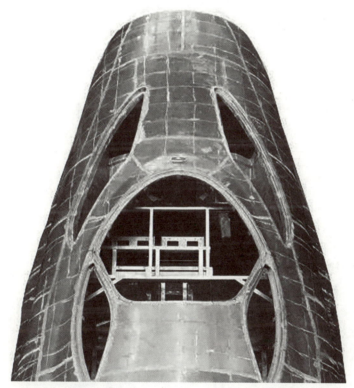

图4.2 中国标准动车组手工组焊车头俯视图

（三）转向架

技术关键词：轻量化+悬挂配置+驱动技术

转向架是高速列车最重要的走行部件，是两组轮对的控制集成，它不仅要承载车辆自重，还要驱动轮对带动列车沿轨道行驶和转弯，并实现列车在大于

200 公里时速运行时能够安全快速停车。转向架不仅要起到承载、导向、减震作用，还要负责牵引与制动。概言之，高速列车跑得快不快、稳不稳与转向架息息相关。因此，转向架必须具备优良的结构设计和悬挂配置，以及足够好的强度、刚度和足够高的运动稳定性、运行平稳性，这样才能最大限度地发挥轮轨间的黏着潜力。

2022 年 9 月，中国中车面向全球发布了首款轨道交通车辆"弓"系转向架（图4.3）。该转向架采用碳纤维和石墨烯等材质，具有轻量化、强度高、耐腐蚀等特点，可大幅延长转向架的使用寿命，减少运营维护成本；应用永磁电机直接驱动等前沿技术，省去了传统转向架通过齿轮传动的环节，更加高效节能；与传统转向架相比，动力型"弓"系转向架减重 25%、非动力型减重 35%，车辆运行能耗减少 15%，轮轨磨耗降低 30%，噪声降低 2 ~ 3 分贝，全生命周期成本降低 15%。[①]

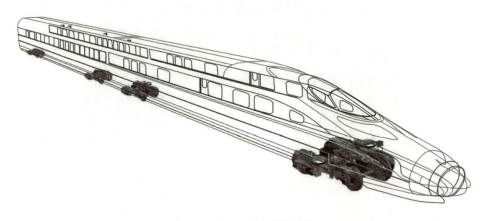

图4.3　转向架安装位置示意图

---

① 澎湃新闻. 中国中车全球首发"弓"系转向架.https://www.thepaper.cn/newsDetail_forward_20008354.

（四）牵引电动机

技术关键词：轻量化＋功率大＋寿命长

高速列车的牵引电机是将电能转化为机械动能的主要设备，通过变速箱带动轮对旋转驱动列车前进后退。中国标准动车组采用三相交流异步牵引电动机（单机功率可达 300 千瓦），可根据时变电流来改变列车的牵引力和速度，与直流电动机相比，具有功率大、自重轻、寿命长、结构简单、应用可靠、维修节约等显著特点。

（五）牵引变压器

技术关键词：轻量化＋体积小＋效率高

牵引变压器属于高速列车牵引系统的前端设备，是针对特殊电压等级专用的电力变压器。高速列车的电力能源全部来自接触网供电，由于中国高铁接触网采用 25 千伏交流供电，电压等级不能直接用于列车牵引，因此牵引变压器的核心作用就是把来自接触网的 25 千伏、50 赫的电流进行降压处理以保证列车安全供电需求。其基本工作原理是：高速列车通过受电弓与接触网接触将高压交流电取回车内，通过变压器降压和四象限整流器转换成直流，再经过逆变器转换成可调幅调频的三相交流电，然后输入三相异步牵引电动机，最终通过传动系统带动车轮运行。

（六）牵引变流器

技术关键词：模块化＋系列化＋小型化

高速列车牵引变流器由整流器、中间直流电路和逆变器共同组成，其基本工作原理是：整流器将牵引变压器输入的单相交流电变为直流电，中间直流电路为逆变器提供稳定的直流电源，逆变器再将中间直流电逆变为牵引电动机所需的可调频调压的三相交流电。[①]中国标准动车组采用交流变直流、直流再变交流的"交-

---

① 刘丽，尹进田，勒国庆，等. 高速列车牵引传动控制系统仿真实现[J]. 电气传动自动化，2017，39（2）：12-15.

直 - 交"传动技术，牵引变流器作为该技术的核心部件，通过电力变换输出可变电压、可变频率的交流电，实现对牵引电动机的变频调速，从而实现高速列车变速运行。

（七）传动控制系统

技术关键词：控制性＋安全性＋效率高

传动控制系统根据高速列车牵引控制特性和电气性能指标要求，实时检测牵引电气系统状态和参数，通过科学可靠的控制策略生成电气系统接触开关、断路器开关和电子器件通断动作的控制信号，以此实现电能传输和变换功能，如图4.4所示。

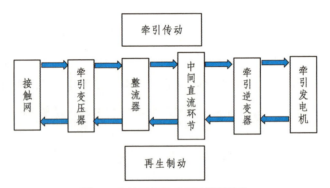

图4.4　高速列车传动系统能量流动

（八）制动控制系统

技术关键词：快速转换＋非黏着制动＋防滑控制

高速列车在运行中具有强大运动能量，制动控制系统的作用是在轮轨黏着允许条件下，采用制动操作实现列车可靠降速和安全停车，制动系统是实现列车高速、安全运行的基本保障。中国高速列车采用电动制动与机械制动相结合的技术，即空电复合制动技术：基础制动装置产生机械制动力，再生制动装置产生电制动力，由制动控制装置根据制动指令进行制动力协调分配，实现高速列车减速与停车。

（九）控制网络系统

技术关键词：运行监控＋故障检测与诊断＋网络通信

控制网络系统分为列车级通信与车辆级通信，主要实现运行监控、故障检测与诊断以及网络通信功能。列车级通信是实现动车组不同网络单元间牵引指令、速度指令、制动指令等信息相互传输；车辆级通信是实现同一网络单元内部电子设备间信息相互传输和设备状态反馈，如图4.5所示。

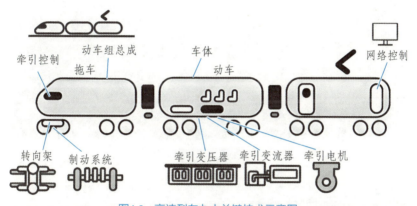

图4.5　高速列车九大关键技术示意图

二、高速列车十大配套技术

高速列车除了九大关键技术外，还有十项配套技术也必不可少，主要包括受流装置、辅助供电、车钩、风挡、空调、车门、车窗、集便装置、座椅和内装。

（一）受流装置（受电弓）

受流装置是高速列车从外部接触网获取电能的唯一装置。运行中的列车需要不间断地通过受流装置从接触网（图4.6）获取电能，并将电能导入内部电气设备，从而为列车提供充足电力。高速列车的受流装置叫受电弓（图4.7），受电弓安装在车顶，列车在停运、停放或无电检修时，将受电弓降下与接触网脱离保持断电；

而在运行时，将受电弓升起与接触网接触保持通电。受电弓在设计方面必须满足以下条件：良好的受流质量、足够的结构强度、安全的运行性能、微弱的气动噪声。其中最主要的受流质量则依赖于弓网系统的动态稳定与跟随性，以及弓网间机械接触和电气良好接触状态，确保不离线、不打火。

图4.6　高速列车架空接触网

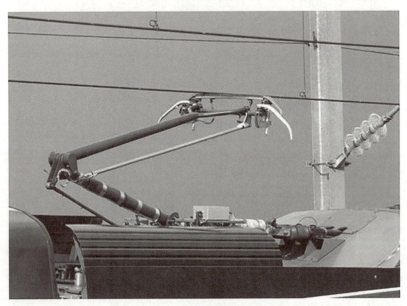

图4.7　高速列车受电弓

（二）辅助供电

辅助供电是为高速列车除主传动系统外的所有车载电气设备提供电力保证的系统，该系统分散布置在列车底架上，主要包括辅助电源系统、电源分配系统和辅助用电设备。辅助供电是从牵引变压器或牵引变流器中间直流环节取电，为空气压缩机、冷却通风机、油泵电机、水泵电机、空调系统、采暖系统、照明系统、乘客服务系统、应急通风装置、诊断监控设备和维修用电设备等提供电力保障。[①]

（三）车钩

车钩是连接车厢的机械装置，只要两节车厢相对运动碰撞即可完成车钩连接，实现两节车厢的自动连挂。高速列车车钩上还专门设置了钩缓装置（由弹簧缓冲器与球形橡胶轴承组成），以缓冲高速运行时车厢之间通过车钩传递的纵向冲击力。

（四）风挡

风挡分为内风挡和外风挡。内风挡位于列车两节车厢之间，形成乘客往来车厢的通道，内风挡一般采用折叠结构和伸缩结构并具有高密闭性和隔音性能，其作用一方面是为了缓解车厢间的伸缩和扭转运动，另一方面是为了降低车端噪声对客室影响，保护乘客的耳膜不受车外空气压力波动冲击。外风挡位于车辆端部，采用半包或全包封闭设计，在两节车厢之间形成外形包络，具有抗扭转、抗挤压、抗摩擦性能，既可防止列车各车体间相互扰动，也可保持列车顺滑的流线外形、降低空气阻力。

（五）空调

空调系统主要实现制冷、供热、新风、废排、回风、压力保护和紧急通风等功能，在确保车内空气清洁的同时，协调新风量、温湿度、微风速以及应急通风量等空气指标，为乘客提供适宜的空气环境。

---

① 李国平. 国内外高速列车辅助供电系统[J]. 机车电传动，2003（5）：57-61.

（六）车门

车门包括车厢外侧的侧拉门和客室内部两端的内端门。两种车门的工作内容完全不同，侧拉门的主要功能是将列车车厢与外界隔离，保持列车在运行中的气密性和隔声隔热要求并为乘客提供上下车通道，只能在列车安全停靠后方能打开。而内端门的主要功能是为客室保持相对独立的乘客封闭空间，并起到一定的隔热隔声效果，内端门通常采用自动感应电动式滑动门。

（七）车窗

高速列车车窗分为两种，即司机室前窗和客室侧窗。司机室前窗玻璃根据气动外形设计，采用复杂曲面造型并保持一定斜度，具有良好的隔声隔热和透光性能，为司机提供足够的驾驶视野。同时，为了防止飞鸟或异物侵入产生高速碰撞，前窗玻璃具有足够的耐撞性及防止破碎飞溅要求。客室侧窗则既能保证客室与外界隔热隔声，也能减缓列车在高速行驶时乘客对窗外景物的视觉反应速度，避免造成头晕目眩感。

（八）集便装置

高速列车采用全封闭集便系统，其功能是将便器的冲洗污物污水通过系统操作控制沿排污管道排入污物箱。该系统可以隔绝污物箱与车内的联通，防止臭味、臭气、细菌等进入客室，并在列车到站停车或进入动车检修基地后，定时对污物箱进行处理，实现全线路无污染排放。

（九）座椅

客室座椅结构采用人机工程学设计，以乘坐舒适、缓解疲劳为主要目的。高速列车根据多样化和个性化需求，不同车厢设置不同配置的座椅，除餐车外其他各车座椅均具有可旋转功能，使乘客始终面朝列车行进方向，以适应乘客乘坐习惯和舒适性。

（十）内装

内装是列车的内部装饰，是乘客界面结构和设备，包括地板、墙板、顶板、行李架、灯带等。内装设计以满足人的行为动作、客室空间运用、界面造型、美工色彩、灯光效果等需求为主要目标，通过轻量化、模块化以及材料环保防火设计，达到减震隔声降噪、动车组减重、乘客界面舒适等实际效果。

高速列车十大配套技术示意图如图4.8。

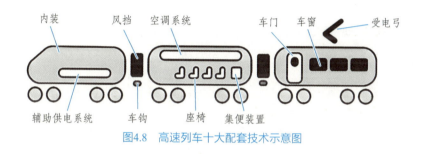

图4.8　高速列车十大配套技术示意图

三、高速列车六大核心系统

如前文所述，在2000年前后，中国已自主研制了"大白鲨""先锋号""中华之星""蓝剑号"等动车组，为中国高铁的全面自主创新奠定了技术基础、积累了人才基础。2004年以来，按照"引进先进技术，联合设计生产，打造中国品牌"的总体战略构想，中国大力推进原始创新、集成创新、引进消化吸收再创新，逐步攻克和掌握了动车组总成、车体制造、高速转向架、牵引电动机、制动控制系统、控制网络系统等九大核心技术以及受流装置、辅助供电等十大配套技术，并在成功研制时速250公里、350公里两种速度等级的高速列车过程中，逐步形成了匹配中国铁路基础和自然环境的高速列车系统、轨道系统、牵引供电系统、信号与控制系统、信息系统、车站系统六大核心系统。[1]

---

[1] 卢春房. 中国高速铁路的技术特点[J]. 科技导报, 2015, 33（18）: 13-19.

（一）中国高速列车系统

高速列车的全称为高速动车组，是中国交通术语。在中国国家铁路运输系统里是指"D字头普通动车组旅客列车"，其综合等级高于特快旅客列车和其他普速列车，低于后来由其本身进一步细分出来的"G字头高速动车组旅客列车"和"C字头城际动车组旅客列车"。动车组是一种由若干带动力的车辆（动车）和不带动力的车辆（拖车）组成的自动动力、固定编组、在日常运维中无须解编的列车组。动车组具有三大特征：其一，动车组自带动力系统，可自行行驶；其二，动车组固定编组，由若干车辆（一般以8或16编组为主）连接在一起，组成一个整体列车结构；其三，动车组头车和尾车均设置司机室，可供两个方向行驶。

中国高速列车系统主要包括：动车组总体方案及总成、轻量化车体及列车头形设计、高速转向架、大功率牵引传动系统、数字控制网络系统、数字控制制动系统。

动车组总体方案包括动车组总体技术条件及总体参数配置、子系统匹配与连接、设备布置与参数优化以及动车组与外部运行系统的接口关系（主要涉及轮轨匹配关系、弓网匹配关系、流固耦合关系、机电耦合关系、环境耦合关系）；高速列车车体从总体上说是各个系统设备的载体和列车界面空间，从细节上说是轻量化、模块化制造工艺与密封性、气动性技术要求的集中体现；高速转向架则是列车高速安全运行的关键，其悬挂装置、驱动装置、牵引电机悬挂等结构设计直接关涉动车组的性能发挥及安全行驶；大功率牵引传动系统为列车高速运行提供强大动力，中国采用"交-直-交"传动系统，通过控制系统对电动机的速度和牵引力实施调节，从而满足车辆牵引和制动要求，该系统主要包含牵引变压器（要求自重轻、体积小、效率高）、主变流器（要求模块化、系统化、小型化）、同步牵引电动机（要求自重轻、功率大、损耗低）以及牵引传动控制系统（要求控制简便、性能优良、发挥稳定）。数字控制网络系统分为列车控制级、车辆控制级、功能控制级三个等级，为列车整体提供运行监控、故障检测与诊断以及通信网络功能；数字控制制动系统是列车安全运行的关键环节，为列车提供可靠可视可控的基础制动、动力制动、复合制动、非黏性制动以及防滑控制。

中国高速列车系统示意图如图4.9。

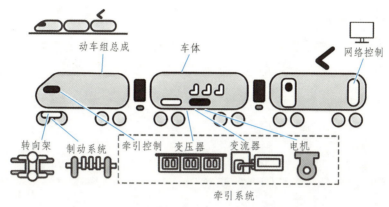

图4.9 中国高速列车系统示意图

（二）中国高铁轨道系统

高铁线路由线上建筑和线下工程构成。线上建筑为轨道结构系统，由钢轨、轨枕、扣件、道床、道岔组成，主要功能是通过接触列车车轮，承受列车载荷，引导列车走向。中国铁路钢轨主要包括38千克/米、43千克/米、50千克/米、60千克/米、75千克/米五大类型，其中50千克/米及以上钢轨称为重轨，50千克/米以下称为轻轨。中国铁路干线、高速铁路主要采用60千克/米钢轨，城市轨道主要采用50千克/米、60千克/米钢轨。而线下工程则是支撑线上建筑的基础设施，由路基、桥梁、隧道三类工程组成，为列车长距离、跨地域运行提供条件保障。

1. 有砟轨道

传统的铁路轨道均为有砟轨道（图4.10），这是一种轨下基础为石质散粒道床的轨道。有砟轨道具有成本低廉、弹性良好、维护方便、吸噪特性强等优点。一般情况下，当列车运行时速达到300公里时，有砟轨道仍可保证列车安全运行，因此法国、日本、德国的高速铁路部分路段依然使用有砟轨道。

图4.10　中国有砟轨道

与无砟轨道相比，有砟轨道最大的不足是在列车巨大载荷反复作用下，线路状态保持能力较差，导致轨道的残余变形积累很快，进而导致轨道纵向（高低）不均匀不平顺，这不仅影响乘客乘坐舒适度，也在客观上增大了轨道养护维修的工作量。

2．无砟轨道

无砟轨道（图4.11）是采用自身稳定性较好的混凝土与沥青混合料作为整体基础的轨道结构。相较于有砟轨道，它具有结构高度低、自重轻、平顺性好、耐久力强、稳定性高、服务期长、维护工作量小、避免道砟飞溅等优势，更关键的是这些特性可支持列车运行时速达到350公里及以上。因为中国高速铁路的主要运营特点为高速度、高密度、长距离跨线运输，因此在满足行车安全、乘车舒适的前提条件下，必然要求高铁线路具备结构连续、线路平顺、稳定耐久等技术特征，因此中国高速铁路普遍采用无砟轨道技术是现实的必要选择。中国在引进、消化、吸收的基础上，创新形成了具有自主知识产权的CRTS系列无砟轨道设计施工技术体系，主要结构类型包括CRTS Ⅰ、CRTS Ⅱ、CRTS Ⅲ型板式，CRTS Ⅰ、CRTS Ⅱ型双块式以及道岔区轨枕埋入式和板式无砟道床等。

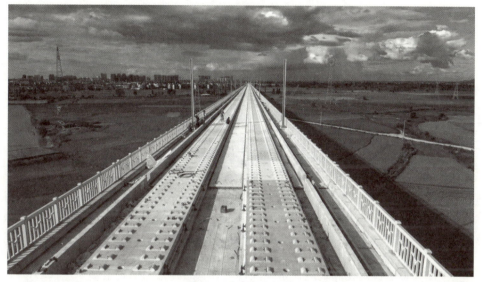

图4.11　中国无砟轨道

CRTS Ⅰ型板式无砟轨道，由混凝土底座（宽 2.8 m、高 0.3 m）、水泥乳化沥青砂浆垫层（厚度 50 mm）、整体轨道板（框架式轨道板）、凸形挡台（高 0.25 m、直径 0.52 m）、周边填充树脂、钢轨及弹性扣件构成，如图 4.12。沪宁城际铁路是中国第一条全新采用 CRTS Ⅰ型轨道板铺设的无砟轨道。

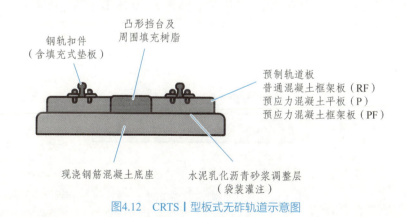

钢轨扣件
（含填充式垫板）

凸形挡台及
周围填充树脂

预制轨道板
普通混凝土框架板（RF）
预应力混凝土平板（P）
预应力混凝土框架板（PF）

现浇钢筋混凝土底座

水泥乳化沥青砂浆调整层
（袋装灌注）

图4.12　CRTS Ⅰ型板式无砟轨道示意图

CRTS Ⅱ型板式无砟轨道，由滑动层、底座板、水泥乳化沥青砂浆填充层（厚30 mm）、预制轨道板（宽2 550 mm、厚200 mm）、60千克/米钢轨及弹性扣件构成，如图4.13。每块轨道板具有独立编号，对应特定的线路平面及信息数据，可在现场施工中实现精确铺设。CRTS Ⅱ型板式无砟轨道广泛应用于京沪、沪杭、哈大、石太、广深港、广珠等高速铁路。

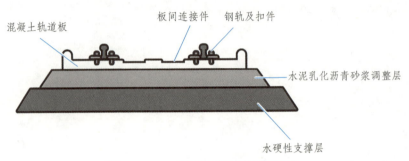

图4.13　CRTS Ⅱ型板式无砟轨道示意图

CRTS Ⅲ型板式无砟轨道，是中国自主研制的具有完全自主知识产权的带有挡肩的新型板式无砟轨道结构，其主要由预制轨道板、自密实混凝土、限位凹槽、中间隔离层、钢轨、底座及弹性扣件构成，如图4.14。轨道板采用双向先张预应力混凝土，轨道板与自密实混凝土间采用门型钢筋的方式形成复合板结构，并在每块轨道板下设置两个限位凹槽。路基上底座以3～4块预制轨道板为一个单元，并在底座板缝处设置传力杆。自密实混凝土具有高流动性、高间隙通过性、高抗离析性、高耐久性、高体积稳定性等特点，凸显了CRTS Ⅲ型的优势特性。

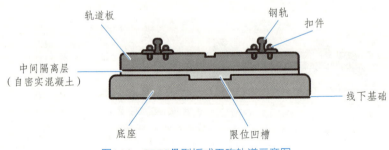

图4.14　CRTS Ⅲ型板式无砟轨道示意图

3. 无缝轨道

中国高速铁路采用一次性铺设跨区间 60 千克 / 米无缝轨道。所谓无缝轨道是对标准长度的钢轨实施焊连而成的长钢轨线路，为避免钢轨热胀冷缩，铁路工程师还专门研发了专用弹性扣件，通过强大的线路阻力限制钢轨伸缩，并在现场施工中结合线路所在地区气温（根据气温平均值取值），在"零应力轨温"锁定条件下进行铺设，确保钢轨在该温度下内部没有温度应力。无缝轨道具有平顺性高、行车阻力小、行车振动低等优点，为高速列车快速安全行驶提供了技术保障。

无缝轨道与有缝轨道对比如图 4.15 所示。

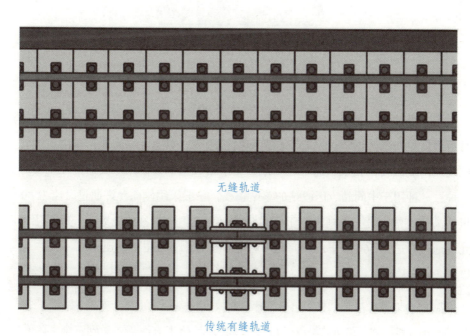

无缝轨道

传统有缝轨道

图4.15　无缝轨道与有缝轨道对比示意图

4. 弹性扣件

扣件系统（图 4.16）为高速铁路轨道结构提供了必要的支撑。与有砟轨道碎石结构相比，无砟轨道混凝土结构在整体弹性和轨道可调性方面有所不足，因此需要弹性扣件将钢轨安全稳固地扣压在道床上，保证轨道的稳定性和可靠性。

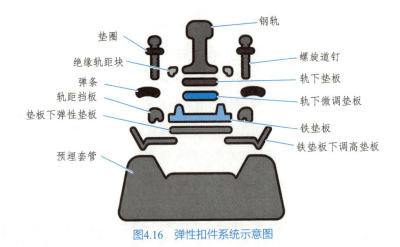

图4.16 弹性扣件系统示意图

5. 道岔

道岔是一种能将机车车辆从一股轨道安全转入另一股轨道的线路连接设施，每组道岔主要由转辙器、岔心、护轨和岔枕组成，负责引导高速列车由正线转向侧线或由侧线转向正线，通常在车站、编组站大量铺设使用。其适配性主要分为两种：一种用于中间站、区段站的车站正线，一般采用侧向允许通过时速为80公里的高速道岔；另一种则是用于区间渡线、高速侧向过岔的线路，一般采用侧向允许通过时速为160公里或侧向允许通过时速为220公里的高速道岔。

6. 路基

路基由地基、基础结构（包括基床表层、基床基层）、安全支挡（路堤）组成。路基（分为路堤式、路堑式、路堤路堑式）在设计施工方面需要做到三个"必须"：一是必须在路基与桥台、路基与横向结构物、路基与隧道、路堤与路堑、有砟轨道与无砟轨道连接处均设置必要过渡段；二是必须强化路基排水及路基边坡防护，排水设施的设计降雨重现期为50年，路基边坡防护则要根据当地平均降水量、工程体量与水文地质条件、边坡坡度与高度、环境条件与景观要求进行综合施策；三是必须重视路基变形控制及监控，包括地基沉降以及路堤坡脚边桩位移、路基沉降期及放置期的变形监控、铺设无砟轨道前后的检测。

7. 桥梁

高速铁路桥梁结构必须具备足够的强度和刚度，以保证结构的高稳定性和桥梁轨道的高平顺性。中国高铁桥梁以 32 米简支梁为主，以 24 米简支梁为辅，跨度大于 32 米的跨越重点公路、铁路、通航河流的大跨度桥梁，一般选用预应力混凝土连续箱梁、连续梁拱、提篮拱等结构；跨度小于 24 米的梁部结构，一般选用钢筋混凝土连续钢构（框构）结构。[①]

8. 隧道

中国高速铁路隧道在设计方面不仅需要考虑建筑限界、轨道数、（线）间距、空气动力学效应、隧道设备空间、轨道结构形式和运营维护方式、日常养护及工程技术作业空间、救援通道空间等多种因素，在施工方面还要考虑隧道断面尺寸和平面布置、隧道洞口设计及排水、工程环境影响等多种因素，以此确保隧道施工安全、高速列车运行安全、乘客乘车舒适度以及生态环境适应性。

（三）中国高铁牵引供电系统

牵引供电系统包括牵引供电、牵引变电、接触网和电力系统，其主要功能是将电能从电力系统引入列车，为其高速行驶提供动力。中国在牵引供电技术方面，已在"八纵八横"范围内建立起了时速 300 公里高速铁路弓网重联的高速接触网系统及其安全评估技术体系，研发出了能够满足高速列车双弓重联运行振动特性、适应多种自然环境要求、具有自主知识产权的高速铁路接触网系统成套装备。其中，大张力全补偿链型悬挂接触网技术不仅实现了时速 300 ～ 350 公里高速列车双弓重联安全稳定受流，还填补了世界技术空白。

1. 牵引供电

中国高速铁路牵引供电在综合考虑牵引负荷大小、负荷特性、供电可靠性、电力系统供电条件等多要素条件下，牵引网正线一般采用 2×25 千伏供电模式，而跨线列车联络线、高速列车走行线则一般采用 1×25 千伏供电模式。

---

① 郑健. 中国高速铁路桥梁建设关键技术[J]. 中国工程科学，2008，10（7）：18-27.

2. 牵引变电

牵引变电所是高速列车供电系统的中转站，其主要作用是将高压输电线送来的电能进行降压（将电力系统的三相电压降低）和变流（以单相方式输出）处理后输送给接触网，为沿线行驶的高速列车提供源源不断的电力。为确保供电安全，在牵引变电所中还配备有用来接通和开断电路的主断路器、检修和安全用电隔离开关以及自动控制、远动控制系统和断电保护系统。

3. 接触网

接触网（图4.17）架设在高速铁路沿线上空，主要由接触悬挂、支持装置、定位装置、基础支柱组成，接触悬挂包括接触网导线、吊弦、承力索以及连接配件，其中接触网导线是高速铁路接触网的核心部件，一般采用高强高导的导线材质（铜合金或铜镁合金）。[①]

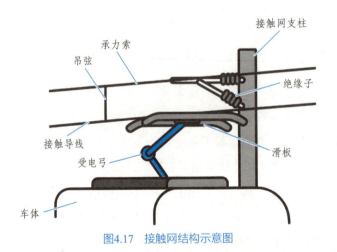

图4.17 接触网结构示意图

4. 电力系统

电力系统主要包括配电网络系统、电力远动系统（SCADA）、机电设备监控系统（BAS）、火灾报警监控系统（FAS）、动力供电与照明系统，为调度指挥、

---

① 知乎网. 铁道知识·供电[EB/OL]. （2021-05-09）[2023-06-05]. https://zhuanlan.zhihu.com/p/370800467.

信号通信、车载电器提供负荷安全、运行可靠的基础电力保障。其中：电力远动系统的主要作用是对高铁电力供电系统运行设备进行遥控、遥测、遥信及调度管理；机电设备监控系统则是为地面车站、地下车站、动车段、隧道等提供电力监控管理。

（四）中国高铁信号与控制系统

高速列车控制系统是集数据控制与传输于一体的综合信息控制管理系统，是一种适应高速列车运营、控制与管理的综合性技术。列车控制系统的核心是通信技术，中国高铁当前使用的是基于无线通信 GSM-R 的数字化、网络化、智能化及通信信号一体化的列车运行控制系统。

1.　通信系统

高速铁路通信系统主要分为有线通信和无线通信两大板块，涵盖有线调度、电话通信、网络管理、移动通信、数据传输、视频监控、应急通信等 14 个子系统，为列车综合控制、电力及牵引供电、铁路运输管理等业务应用提供高效、稳定、可靠的语音、数据和图像通信及网络服务与支持。其中，GSM-R（Global System for Mobile communications-Railways，铁路全球移动通信系统）是高速铁路专用移动通信系统，GSM-R 系统为高速列车提供语音通信、调度通信、列车控制数据传输、调度命令和无线车次号校核信息传达等核心业务。

2.　信号系统

中国高速铁路信号系统主要包括行车调度指挥系统（CTC，Centralized Traffic Control）、列车运行控制系统（CTCS，Chinese Train Control System）、车站联锁系统、信号集中监测系统、网络及电源系统等五大部分。其中：CTC 由网络通信设备和传输通道组成，包括调度中心子系统、车站子系统、调度中心与车站网络子系统和相关终端设备，是实现列车运行调度的计算机集中控制与指挥系统；CTCS 是保障铁路运营安全、提高运营效率的核心技术装备，由地面子系统和车载子系统组成，包括地面设备、车载设备、信号数据传输网络和车地信息传输设备，为高速列车启动、制动、改道、停靠提供关键技术支持。

3. 列车控制系统

中国高速铁路目前已经完成 CTCS-2 级列控系统[①]（适配于走行线及动车段接发列车进路）和 CTCS-3 级列控系统[②]（适配于时速 250 公里及以上高铁线路）全套自主化装备的研发与应用，实现了车地一体化、指挥联锁一体化、通信信号一体化、机电一体化的操作与控制，实现了东北高寒地带、西北高海拔地带、南方高温地带全覆盖以及高寒高温、戈壁风沙、海风高盐环境全覆盖。

（五）中国高铁信息系统

中国高速铁路信息系统主要包括运营调度管理系统、客票及旅客服务信息系统、动车组管理信息系统、灾害监测系统、车站办公系统、公安管理系统六大部分。接下来，我们着重介绍前四个部分。

1. 运营调度管理系统

高速铁路运营调度系统是铁路运输管理和列车运行控制的中枢，通常采用调度中心、调度所、站段三级管理结构，其主要功能是实施运输计划管理、调度指挥管理、动车组车辆管理、车站作业管理、安全监控管理、综合维修管理以及系统运行维护。具体来讲是根据机车车辆配备与动力特性、车站配备与任务作业、沿线线路与设备状态、相邻线路列车运行状态等实时情况，统筹编制列车运行计划、集中指挥列车运行和调度，完成高安全、高速度、高密度、高正点率等高铁综合运输任务。

2. 客票及旅客服务信息系统

客票系统由中心系统和车站客票系统两部分组成。中心系统负责实名制客票发售与预订、列车席位集中管理、购票实时处理等系统任务。车站客票系统则负

---

① CTCS-2是基于轨道电路和应答器传输列车行车许可信息，并采用目标距离连续速度控制模式监控列车安全运行的列控系统。闭塞方式为准移动闭塞。其系统结构主要包括：轨道电路、应答器、列控中心和车载设备等。

② CTCS-3是基于GSM-R无线通信实现车-地信息双向传输，无线闭塞中心（Radio Block Center）生成行车许可，轨道电路实现列车占用检查，应答器实现列车定位，并采用目标距离连续速度控制模式监控列车安全运行的列控系统。闭塞方式为准移动闭塞。其系统结构主要包括：轨道电路、应答器、列控中心、车载设备、RBC、GSM-R网络等。

责售票、检票、补票、退票、取票、改签、临时制证以及综合信息显示、客运广播及视频监控、旅客携带物品安全检查等具体任务。

3. 动车组管理信息系统

动车组管理信息系统的主要任务是负责动车组停靠与运行管理、车辆检修与维修管理、设备配件与物流管理、安全监控与质量管理等工作，对段内动车运行和检修作业进行集中调度和监控，对检查库、临修库、检修库、转向架库等进行分区作业调度和监控。

4. 灾害监测系统

高速铁路灾害监测系统是对自然灾害、突发事故、异物侵限、非法侵入进行实时监测、报警和防护，向调度中心提供灾害预警信息、限速停运信息、抢险救援等信息。

（六）中国高铁车站系统

高铁车站是办理旅客客运业务的主要场所，由站场、站房、站前广场及各类客运设备组成，主要包括车站建筑、供电、通信、信号、信息、调度、监控、给排水、防灾、公安、公房等配套设施设备。

1. 车站布置

车站布置主要考虑列车平面布置、引入线路数量、实际运营需求、动车段客车整备配置、城市地理地形等因素。站场客运设备主要包括站台、雨棚、地道、天桥等。中国高铁站通常按照桥建合一、场棚合一、旅客地道和社会通道合一、铁路地铁立体交叉方式进行车站布置和设备安排。

2. 乘客站房

乘客站房主要依据站房所在地、乘客流向数量、乘客及行李通道等客观条件进行平面优化布置，以此实现导向明确、乘车方便、避免交叉干扰等车站服务功能。

3. 站前广场

站前广场的主要功能是对综合轨道交通、公交车、长途汽车、出租车、私家车、共享单车等多种交通方式进行分布组合优化，以此实现各种交通方式之间的转换与流动。

武汉站实际布局如图 4.18 所示，成都东站结构布局如图 4.19 所示。

图4.18　武汉站实际布局

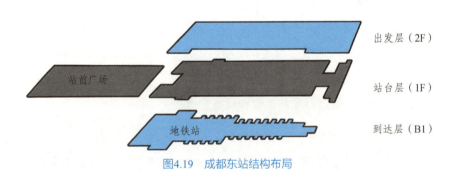

图4.19　成都东站结构布局

第五章 十八个有意思的问题

通过上一章对高速列车的技术细节和中国高铁的系统配置的讲解，我们一定对高铁有了更加具体的理性认知。接下来我们将通过 18 个有意思的问题，让大家对中国高铁产生更加直观、更加细节的感受。

现在我们就一起回想一下坐高铁时候的感受，在乘坐高铁旅行时，脑海里是不是经常会闪现一些"奇奇怪怪"的问题，比如着急上车时会不会被车门夹住？司机室长什么样？车厢要是突然着火怎么办？高铁座椅上为什么没有安全带？

一、客室侧门会夹住乘客吗？

关键词：锁闭功能＋自动化控制＋智能化检测

高速列车在快速行进中，车门本身将承受至少 6 000 帕的均布载荷（均匀分布在车门上的力），门板中心将承受 800 牛的集中扭力（力集中作用在门板表面的一个点上）。因此，在客室侧门的设计方面既要保证车门具有安全牢固的锁闭功能，避免在高速行驶中跑风漏气影响列车及乘客安全；也要保证车门具有优良的密封特性，降低、削弱、隔断车外噪声；同时，还要保证车门具有自动化控制和智能化检测功能，确保在发生故障时能够及时报警，避免发生意外。

为满足和实现以上技术指标，中国高速列车的侧门在总体设计上采用由骨架、蒙皮、高性能芯材组合而成的多层复合结构。在锁闭安全性和气密性方面，采用多重机械装置将各约束点平衡布置在车门不同受力区域，即在门前侧使用楔形块约束，在门后侧安装有主锁和两个辅助锁，主锁在关闭后将自动实现正反载荷自锁，两个辅助锁将门扇与门框紧实密贴，使门扇上设置的密封胶条始终处在高度压缩状态，确保车门在大载荷情况下不会发生任何变形和异常。在自动化控制和智能化检测方面，车门上不仅设置了可自动实现开合的开关控制器，还设置了检测器和传感器，可自主完成监控、诊断、报警，如果检测到异常则会立即通过网络系统向驾驶室和值班室发出报告，提示工作人员及时查看和检修。此外，车门还安装了障碍检查装置，在车门关闭过程中，此装置能检查到最小 30 毫米 ×60 毫米的障碍物，能及时停止关门动作（车门可自动开合三次），可以完全避免夹住乘客或行李物品。中国高铁客室侧门设计如图 5.1 所示。

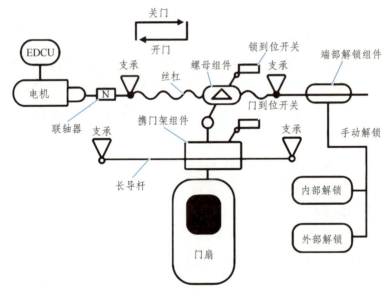

图5.1　中国高铁客室侧门设计示意图

二、乘客车厢万一起火怎么办？

关键词：耐火玻璃材质＋防火耐高温胶条

高速列车车厢拉门除了隔绝噪声功能外，还具有一项特殊功能，就是在车厢内部突发火灾时，能有效阻断火势蔓延至相邻车厢。中国高铁在拉门门扇安装设计上，整体采用耐火玻璃材质，可以保证在烈火灼烧时不发生破碎迸溅。同时，在两面门扇之间以及门扇与车体接缝之间都安装了防火耐高温胶条，如遇突发火灾情况，防火胶条能自发膨胀并迅速塞实缝隙，耐火完整性可达 15 分钟，以此隔断火源并防止火势通过缝隙蔓延到相邻车厢，此举将为列车工作人员及时灭火争取宝贵时间。

三、司机室前窗要是被鸟撞击会怎么样？

关键词：多层钢化玻璃 + 透明聚合物薄膜 + 有机防飞溅贴膜 + 透明电热丝

列车在高速运行时，作为列车头部的司机室前窗难免会受到飞鸟或飞石的突然撞击，也许撞击物的体积可能很小、质量可能也不大，但是在高速运动状态下对前窗玻璃的冲击破坏力则是巨大的，将直接威胁行车安全及司机人身安全。因此，在司机室前窗的设计安装方面，必须优先考虑撞击物（冲击物）的即时影响，保证车窗在承受高速冲击时玻璃不被穿透且不发生迸溅。

那么，中国高铁的司机前窗究竟能承受多大的冲击力呢？我们用三组试验数据来揭晓答案。试验人员分别选取质量为 1 千克的尖锐金属圆锥体、20 克的金属弹丸、1.8 千克的"飞鸟"（模拟），分别以 580 公里、440 公里、420 公里的极限时速撞击前窗玻璃。试验结果显示：玻璃未发生穿透、未发生爆裂、未发生损坏。这是因为我们安装的司机室前窗玻璃并不是常规玻璃，而是一种由多层钢化玻璃复合压制而成的特殊玻璃，在每层玻璃之间还填充了透明聚合物薄膜，通过层层玻璃的相互牢固黏合，既能提升了前窗玻璃的整体强度硬度，同时也增强了玻璃表面抗撞击性能。此外，在玻璃的内侧（面向司机方向）还加装了两层有机防飞溅贴膜，此贴膜的最大作用就是在遇到超过飞鸟飞石极限速度的未知撞击物撞击时，即便前窗被穿透击碎，玻璃碎渣也只会粘在贴膜上而不会飞溅到司机室造成人身伤害。

为保证司机视野通透舒适，司机室前窗玻璃还具有防止光畸变、矫正副像偏离等光学特性。同时，为解决中国高铁在高海拔、高温差区域行驶时，经常遇到车窗起雾起霜阻挡司机视线的特殊情形，高铁工程师在前窗玻璃的中间层还特意布置了透明电热丝，这将有效防冻防冰并起到除雾除霜作用。

四、客室车窗只是为了看风景吗？

关键词：承受气压载荷＋抵抗异物击打＋隔断车外噪声＋紧急逃生通道

我们在乘坐高铁时，除了通过客室车窗欣赏祖国的壮丽山河之外，有没有想过车窗还有其他作用？事实上，高铁工程师在车窗设计方面，还考虑到了其他两方面性能。一是车窗具有承受气压载荷、抵抗异物击打、隔断车外噪声功能。车窗玻璃采用的是多层复合中空玻璃，由内层和外层共同压制而成，即在两片钢化玻璃之间增加了多重有机聚合物薄膜，这种夹层结构在提高玻璃整体强度的同时，如遇到超强外力挤压、击打致使钢化玻璃破碎情形，玻璃碎片将直接贴敷在有机薄膜上，不会产生穿透掉落或飞散飞溅，以此确保乘客人身安全。实验室撞击试验显示：客室车窗玻璃能承受住 50 千克的沙袋从 1.5 米高度自由下落的撞击且不会发生穿透和脱落；还能经受住 20 克的金属弹丸以 220 公里时速直射表面，且不会发生破碎飞溅。二是每节车厢均设有逃生窗。紧急逃生窗玻璃采用了特殊设计，在夹层有机聚合物薄膜上进行了断口处理，使用应急锤击打玻璃上敲击点（敲击点还附有夜光提示功能），可使玻璃与窗框整体分离，用力推开后即可形成逃生通道，整个操作时间不会超过 45 秒，以便乘客遇到紧急情况能快速逃离列车。

五、为什么高铁的座椅上没有安全带？

关键词：精准控制列车减速变化率＋精准控制列车转弯半径

高速列车的座椅上确实没有设置安全带，其主要原因有两个：其一，列车减速变化率是精准控制的。座椅安全带的作用主要是为了解决在高速运动中突发制动时防止乘客意外受伤的问题，而高速列车的制动减速变化率被严格控制在 $0.6 \sim 0.75$ 米／秒^3 的范围内，以此保证列车在实施减速或停车操作时，乘客不会产生不适感，更不会摔倒受伤。其二，列车转弯半径是精准控制的。总体来说，高速铁路线路的设计都是比较平直的，并且每条线路的坡度、转弯半径在设计时都做了严格规定和精准控制，因此高速行驶的列车是不会出现大幅度横向或纵向震动现象的。

六、车厢连接处的棚子是干什么用的？

关键词：车厢内部通道＋无干涉通过曲线弯道

上文已经提到，车厢连接处的棚子叫作内风挡，位于两节车厢连接处，由橡胶折棚与渡板构成。折棚由柔性圈形棚布组成，棚布整体布置为圆弧形，各圈棚布由铝框组装在一起，固定在两节车厢车体上面，自然形成一条车厢内部通道。橡胶折棚按照高速列车弯道行驶曲线最大拉伸量和最大压缩量设计安装，适应弯道行驶时产生的压缩、拉伸、扭转等形变，保证内风挡可在半径为 180 米的 S 形曲线上无干涉流畅通过。渡板则是由多个相互插接在一起的能承受 5500 帕载荷的钢材框架组成，板材之间允许纵横两个方向的相对移动，以满足列车曲线运动时的拉伸和偏移需求。

七、高铁为什么听不到火车的轰隆声？

关键词：降噪设计＋降噪控制

普通列车在行进时，我们能听到的噪声主要是轮轨噪声、气动噪声和设备噪声等，这些噪声是经过结构振动、空气投射传入车厢内的，这就是我们常常听到轰隆声的缘故。而在时速 350 公里的高铁上，却为什么听不到很大的噪声？这是因为中国高铁在整体设计上已经充分考虑到了降噪控制，通过隔声设计、频段设计、吸声设计、隔声技术、阻尼技术等技术手段，已经最大限度降低了高速列车内部的噪声影响，将噪声值基本控制在 60 ～ 70 分贝，为我们营造了舒适的乘车环境和旅行体验。

八、神秘的司机室到底长什么样子？

关键词：设备区＋操控区＋电气区

对于我们一般乘客而言，司机室一直是个神秘的存在，好像都知道在车头，但谁又都没见过。与普通列车不同，高铁的司机室分设于每列动车编组的首尾两端，首端司机室处于工作状态，而尾端司机室处于"待机"状态。司机室采用单人操作模式，内部主要划分为设备区、操控区、电气区 3 个工作区域，主要负责列车的牵引控制、制动控制、列车检测、故障诊断、空调调节、车门控制以及信息广播。进入司机室的大门叫作司机室后端门，门板上专门设有观察窗，司机可以通过观察窗察看外部情况。同时，作为驾驶列车的工作重地，司机室后端门在设计安装时还专门做了隔声、防火、防爆处理，避免一切外部干扰，为司机驾驶提供了安全安静的操作环境。司机操作台位于前窗玻璃下方，操作台上布置了各类仪器仪表、操作开关、指示灯、显示器及广播话筒。在高速列车行驶中，司机将根据线路信号完成启动、加速、减速、制动、入站、停靠等操作，安全顺利地把旅客送往目的地。

在司机目视的正前方配置了列车运行控制显示器（ATP），主要检测和显示地面信息和列控信息，如图 5.2 所示。在目视前方的左右两侧分别配置了两块车辆信息控制系统显示器（TCMS），主要负责人机交互、车辆检测、故障诊断等工作任务。在目视前方的最左侧配置了负责动车组调度、内部通信、车内联络的显示器和广播话筒。在目视前方的最右侧配置了监控动车组运行状态的显示器、仪表、指示灯、主控钥匙和方向选择开关。在司机的右手边控制台上设置了司机控制器，控制列车的加速或减速；在司机的左右手两侧设置了控制全车开关门的按钮，红色为开门，绿色为关门。

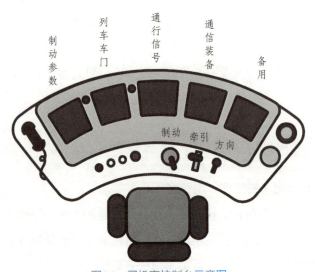

图5.2　司机室控制台示意图

九、高速列车的座席有什么区别?

关键词:商务座席 + 一等座席 + 二等座席

高速列车的座席一般设有商务座席、一等座席、二等座席三大类。其中,二等座席(车)是我们最常使用的客室,每排座席按照 2 人 + 3 人形式布置,座席前后间距为 980 mm,走道宽度为 530 mm,乘客可拖行 24 英寸行李箱(最长边长度约 61 厘米)自由通行。每个座椅的靠背倾斜角度可在 0 ~ 24.5 度自由调节或锁定,靠背后部配有网兜和小桌板,方便乘客放置食品、水杯、平板笔记本或小型物件,每排座位中下方均设有一个充电插口,方便乘客为电子设备充电。座席头顶两侧还布置了照明灯,可供乘客自由阅读使用,每个客室可最多容纳 90 人共乘。

一等座席(车)与二等座席(车)空间布局相同,只是座席量相对减少,客室空间较为宽敞。座椅宽度和深度也有相应增加,靠背角度可在 8 ~ 30 度自由调节或锁定,座椅间距加大到 1 070 毫米,乘客调整座椅斜躺后身体可完全伸展。商务座席为商务出行而设计,座席间距及人均占用空间更大,座椅可任意调节角度,座椅四周加装了呼叫服务、空调送风、影视播放、信息显示等多功能系统。此外,一等、二等座席(车)内端门为感应式,乘客接近时自动打开,商务座席(车)为避免人员打扰,内端门通过电动按钮控制开关。

目前,中国高铁的内端门全开宽度为 800 毫米,残疾人区域则加宽至 900 毫米,可方便轮椅自由通过。内端门上方设有列车信息屏幕,即时显示动车车速、厕所有无人、车内外温度及到站情况,方便乘客及时获取乘车信息。

十、高铁上可以点外卖吗?

关键词:12306APP 点餐服务 + 约定站点自行收取

高速列车上不仅配有列车厨房和供餐设施,包括独立餐车及 2 ~ 8℃ 可调冷藏柜和 60 ~ 110℃ 可调保温柜,方便乘客在旅途中随时用餐,同时还提供流动推车提供主食、零食、水果、饮料等方便食品售卖服务。目前,为满足乘客多元化需求，列车也开通了 12 306 APP 点餐服务，乘客可自行下单外卖，约定站点自行收取。

十一、高铁上如何保障乘客人身安全?

关键词：一台全景式网络摄像机＋两台半球式网络摄像机＋火灾探测器＋紧急拉闸＋安全设施

中国高铁在每节车厢的端部车门上方都安装了一台全景式网络摄像机，并在客室顶板对角线处也安装了两台半球式网络摄像机，3 台设备可对列车内部公共区域进行无死角即时监控。同时，乘客无须担心隐私泄露，因为摄像机采集到的视频信息只有在专用外接授权设备介入下才能进行查询、调取、下载。此外，中国高铁全程禁烟，在一切可能存在烟火的区域都安装了火灾探测器，实时监测车内的烟雾浓度和温度，全面保障列车及乘客安全。如检测到的温度或烟雾浓度超过安全设定值，探测器将立刻向司机室和机械师室报警，乘务员也会快速到达报警位置确认情况，司机将根据实际反馈决定是否停车。如车厢内突发紧急情况，乘务员可操作在客室两端设置的紧急拉闸，司机将根据规程要求确定是否停车。此外，在各车厢端部都配备了两台灭火器以及安全锤、紧急渡板、安全绳等设施以应对异常情况和突发状况。

十二、高铁上的用水安全怎么保障?

关键词：大容积水箱＋安全供水措施

中国高铁上都安装有大容积水箱，水箱分为车上水箱和车下水箱，供水方式分为重力供水、压力供水和组合供水，水箱能够供应运行最小注水间距为 1 320 公里。在列车运行前，需要在车站将水箱注满，灌注时长约为 10 小时，水箱通过供水管路分流送至开水房、盥洗室和卫生间。当水箱水位低于 25% 时，会向列车工作人员提示报警，工作人员将联系后续车站，在停靠期间补充水量。

上水箱外侧还贴敷了保温层，车下水箱也安装了电加热器，保证在 −25℃ 低温环境下不会形成冷凝水。同时，为避免存水不受污染，水箱采用了食品级不锈钢材质，注水口安装了防尘罩，注水口后端安装了过滤器，阻挡和避免尘土颗粒、昆虫等混入水箱。此外，供水管路全部采用了具有杀菌作用的特制铜管。在列车返回动车库后，工作人员会使用柠檬酸液浸泡水箱，彻底清洁箱体内部，保证车上用水安全卫生。为满足乘客取用开水需求，在列车车厢端部和餐车都配备了电开水炉。开水炉管道均采用食品级不锈钢，在进水口还配置了过滤器和活性炭净水器，严格保证水质安全纯净。

十三、卫生间是怎么管理的？

关键词：真空集便器＋气控阀

卫生间的管理直接关系到乘客的旅行体验，因此中国高铁采用的是真空集便器，它能将污物即时吸入车下污物箱，污物箱与集便器之间安装有气控阀，当真空集便器冲洗时气控阀才会打开，保证污物箱内异味绝不会返回卫生间。同时，在每列车上还设置了残疾人专用卫生间，轮椅可以在内部自由旋转，在集便器和盥洗盆区域还专门安装了扶手和 SOS 急救按钮。此外，考虑到母婴的实际需求，卫生间内专门设置了尿布台。

十四、车上的污水又是怎么管理的？

关键词：中转式真空污物收集系统＋环保排污处理

中国高铁采用中转式真空污物收集系统，污物箱设在车下设备舱内，利用真空发生器将中转箱抽成负压，将盥洗废水、便器污物即时吸入中转箱。当便器冲洗达到设定次数或中转箱达到设定液位时，利用正压将中转箱内污水污物排到污物箱内，污物箱容积能够满足列车满员情况下至少运行一天的要求量。列车运行结束后，动车库将使用地面真空设备将污物箱内储存的污水污物吸出并进行环保排污处理。水箱水泵压力供水装置如图 5.3 所示。

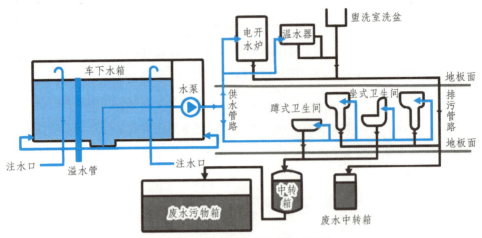

图5.3　水箱水泵压力供水装置示意图

十五、列车交会时车体为什么会明显晃动?

关键词:一个向外的巨大推力+一个向内的巨大拉力

在列车交会的一瞬间,两列车之间的空气在极短时间内被快速挤压,导致此时两列车之间空气压力急剧增大,空气在列车交会一侧会产生一个向外的巨大推力。然而,列车交会的时间又极为短暂,车头交会后交会一侧的空气迅速膨胀,形成一个很大的负压力,又产生一个指向交会侧的巨大拉力,列车受到推力和拉力的综合影响,导致其会发生明显的晃动,但这个问题并不会影响行车安全,请放心。

十六、列车经过长隧道时为什么会耳鸣?

关键词:压缩波+膨胀波+车内压力值波动

在高速列车驶入隧道的一瞬间,隧道内静止的空气被剧烈压缩,导致空气压强陡然增大,形成压缩波并以声速在隧道内迅速向四周传播,从隧道出口反射回隧道内又形成膨胀波；当列车尾车进入长隧道时，尾部空气状态与列车头部相反，在尾部形成膨胀波并以声速迅速向四周传播反射。这些压缩波和膨胀波相互叠加传播至车体内部，就会引起车内压力值快速波动，当压力值超过人体耳膜的适应范围后，就会压迫耳膜产生短暂性耳鸣。

十七、高铁敢在大风环境下行驶吗？

关键词：大风预测预警＋行车指挥系统＋大风环境下行车安全保障体系

在强风（强侧风）环境下，列车会同时受到强升力和强推力双重作用，前者会减轻列车的重量，而后者则会影响列车的横向稳定性，在极端情况下可能导致列车倾覆。目前，中国已经建立起了大风预测预警与行车指挥系统以及大风环境下的行车安全保障体系，当大风监测系统发现风速超过限值时，会提前向在此区域内运行的列车发出紧急预警信号，指导列车降速或者停车，切实保障乘客人身安全。

十八、高铁在运行时如果突然没电了该怎么办？

关键词：车载蓄电池＋自发电功能＋及时实施救援

高速列车在运行过程中，如果遇到接触网发生供电故障，则由车载蓄电池为列车控制及制动、应急通风及照明、信号系统及通信装置等设施设备提供必要电源。同时，当接触网发生断电情况后，铁路部门将及时组织机车对该动车组实施救援，救援机车将通过救援连接器为该车提供110伏电源。此外，中国标准动车组都具备自发电功能，当列车运行时速超过55公里时，牵引电机将作为发电机开始发电维持牵引辅助变流器中间直流电压，辅助变流器能够为列车控制设备、网络系统、应急负载等提供必要电源。

第六章 我们一起"造"高铁

前面通过第三章的学习，我们对中国高铁的发展史已经建立了总体性认知；接着通过第四章和第五章的讲解，我们又对中国高铁的结构、部件、技术、系统、性能、细节建立了具象性认知。现在，我们就一起来试着"造"一列时速350公里、能够跑得又稳又快又安全的属于我们自己的高速列车。

一、今天，我们设计高速列车气动外形

要设计一列时速350公里的高速列车，我们首先要考虑的是气动阻力和气动噪声，因为列车跑得越快，空气阻力就越大，乘客能感受到的噪声也就越大（阻力和速度的平方成正比），因此，我们需要采取必要措施来彻底提升列车的空气动力特性并切实降低高速运行时空气对列车安全、运动能耗、乘客舒适度的负面影响。

为了设计好高速列车的气动外形，我们有必要详细掌握列车在运行中空气是如何流动的以及车体表面压力分布情况。现在，我们把自己想象成一列正在排开空气奋力向前行驶的"复兴号"。此时，迎面而来的空气运动速度基本等于我们的行进速度，气流被列车的头部分割为上下左右四个部分：向上的气流沿车体顶部快速分流，向下的气流沿车体底部快速分流，左右气流沿车体外形快速分流。此时此刻车体的表面压力又是如何分布的呢？我们的鼻子尖正对着空气来流，气流在这里的状态是瞬间凝滞的，气流速度也几乎等于零，但是此处所承受的压力却是最大的，而那些被我们头部分割为向上、向下以及左右两侧的气流在随车体快速流动的同时，正压将逐渐减小变成负压，当气流遇到车厢过渡处以及车体顶部圆弧处时（气流遇到车体突变部位将会产生气流分离），负压将最终达到极大值。

发生这种情况的原因主要是，一方面当车头向车身过渡发生明显的曲率变化时，气流绕流速度会疾速加快，从而造成区域表面压力骤升，当气流再从曲率变化较大的部分快速向后车表面平滑部分流动时，空气流速也会即刻降低，列车表面的负压将随之减小；而另一方面当气流到达与车厢连接处的外风挡位置时，再次遇到外形突变导致表面压力又将上升为正压。因此，为保证列车表面的空气流动状态平顺和车体表面压力状态平稳，在设计高速列车的气动外形时，我们应首先要考虑的就是车体的平滑性，以便促使气流能够平顺地通过列车表面到达列车尾，如图 6.1 所示。

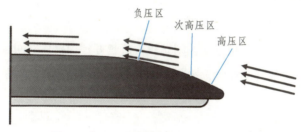

图6.1　高速列车头部表面压力分布示意图

那么，作为与气流首当其冲接触的车头以及与气流连续接触的车体究竟该如何设计呢？

（一）如何设计高速列车车头

设计关键词：流线型头车＋驾驶舱22 ～ 35 度倾角＋设计建模＋仿真分析＋风洞试验＋线路试验＋现实优化

现在国内外投入运营的车头外形，不管是鸭嘴形还是梭子形，不管是椭球形还是钝头形，其总体设计理念都是按照流线型进行外观设计。其差别主要在于流线型车头的长度、水平剖面形状、驾驶舱倾角等外形控制参数各异以及列车总定员数多少、头车设施设备安装空间大小。下面，我们就分三步在初步设计头车的同时也展开讲讲这三组主要参数之间的矛盾关系。

第一步，初步设计好车头长度

理论上讲，流线型车头长度越长，气动阻力就越弱，这样能让气流更加平顺地通过车头和车体，也会更加有效地改善头车和尾车的气动升力。但在实际设计中，我们不得不考虑到如果单方面增加车头长度，那么列车的总载员量将会受到限制，毕竟高速列车本质上是一种载运工具。所以，在车头设计中既要考虑到削弱气动阻力，也要兼顾列车定员总量。

第二步，初步设计好车头水平剖面形状

理论上讲，流线型车头水平剖面越小（车头越尖），头车遇到的空气阻力及空气升力就会大幅度减小。但是，过尖的车头将直接限制头车内部设施设备的安装空间。这个问题在实际设计中也是需要反复计算和权衡利弊的。

第三步，初步设计好驾驶舱倾角

理论上讲，驾驶舱倾角越大，则司机视野越好，司机室空间也越大。但是倾角过大会影响整车的气动性能，造成气动阻力及噪声过大；而驾驶舱倾角越小，则气动性越优良，但是司机视野将会变小，还容易形成曲光现象，严重影响列车安全驾驶。因此，驾驶舱倾角一般设计为 22 ～ 35 度。

在完成以上初步理论设计思考后，我们将进入现实设计之中。车头的设计制造主要分为四个关键环节，即概念设计、方案设计、技术设计、施工设计。

在概念设计和方案设计环节，我们要把气动性能与外观审美作为选择标准，对遴选出的车头进行空气动力学仿真分析，从中优选出气动性能优越且外观简洁美观的方案。

在技术设计环节，对优选出的车头进行风洞模型试验，用仿真试验的方法进一步考察其空气动力学性能（这一关极其重要，将筛选出最优的几个方案），对最终选优的方案进行施工图纸设计。

在施工设计环节，按照图纸设计制作 1：1 车体模型，通过样车试制，验证其设计工艺性能及结构强度。

最后进行头型样车的气动性能实车实地综合试验，进一步按照现实情况优化设计方案并最终确定新头型。

例如：在 CRH380A 研发过程中，首先通过实物模型和三维数模设计出 20 个

概念方案，再经过技术性、文化性、工程性综合评估后，一次性先淘汰 10 个头车方案。随后对剩余的 10 个设计方案进行实验室仿真分析测试，根据测试结果再从这 10 个方案中优选出 5 个候选。接着对其进行风洞试验，将 5 个候选车头制作成 1：8 的模型并分别进行了 760 个不同运行环境的空气动力学和 60 个工况的噪声风洞大型试验。根据仿真分析和风洞试验数据，选取 1 个头车设计方案进入施工设计环节并制作 1：1 车体模型，在检验其设计工艺性能和结构强度后，选取 1种最优方案并制造头型样车，随后在郑西高铁和武广高铁对其进行了 520 个测点的 22 项线路测试，根据综合试验数据，再一次对新头型进行现实优化。通过以上四个环节步骤，最终确定了 CRH380A、CRH2E 和 CRH380AM 的"火箭""骏马""青铜剑"车头，如图 6.2 ～图 6.4 所示。

图6.2　CRH380A"火箭"车头设计方案

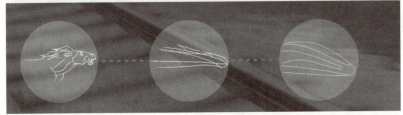

图6.3　CRH2E"骏马"车头设计方案

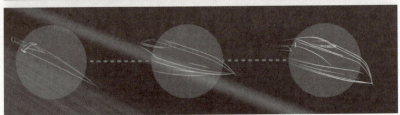

图6.4　CRH380AM"青铜剑"车头设计方案

目前，中国高速列车的车头研发流程基本都是按照以上三个步骤和四个环节分步进行的。其中，中国标准动车组 CR400 系列（"复兴号" CR400 系列）高速列车车头外形设计也是在充分借鉴众多设计理念和经验的基础上，形成了具有中国特色并拥有自主知识产权的高速列车流线型车头设计方案，同时也形成了中国标准动车组车头造型设计、结构设计、工业设计、空气动力学设计等一系列行业标准，并全面掌握时速 350 公里及以上等级的高速列车车头设计技术，建立了完善的高速列车车头工程制造平台。在此技术平台上出产制造的 CR400AF 车头设计方案，纵断面为单拱形，水平断面为长椭圆形，鼻锥为扁宽形，截面为二段式变化，具有前段线性、后段平缓、车头区域截面变化较快、综合气动性能突出等显著优点，相较于 CRH380A 运行阻力整体降低 12%，人均百公里能耗下降 17%，如图 6.5 所示。

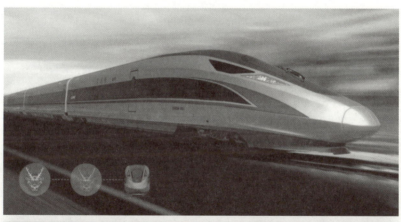

图6.5　CR400AF"飞龙"车头设计方案

（二）如何设计高速列车车体外形？

设计关键词：设置前端导流罩＋下沉车顶高压系统＋下沉车顶空调设备＋内置式车顶天线设计＋倾斜光滑立面＋紧贴式车门车窗设计＋光滑外风挡

在设计高速列车的气动外形时，我们除了要考虑流线型车头外，也要充分考虑车体的流线型设计，避免车顶高压系统及车外风挡表面产生凸起或凹陷，在最大技术范围内降低气动阻力、减少气动噪声，只有这样才能整体提升高速列车的空气动力性能。

第一步，做好气动减阻设计

如上文所述，在列车行进中，气流被分割为上下左右4个流动部分，其中向上的气流沿车体顶部进行分流。当气流遇到安装在车顶的高压系统（受电弓、绝缘子等设备）的凸起部分以及两节车厢连接处的凹陷部分时，就会立即产生强大的气动阻力。那么，我们在设计流线型车体时就必须进行减阻设计，当前成熟的解决方案基本上都是设置前端导流罩、下沉车顶高压系统、倾斜光滑立面等。也就是说，我们要想方设法保证气流顺畅流动，控制气流对车顶高压系统的正面冲击，以此实现气动减阻的目的。例如CR400的流线型车体设计不仅采用了下沉式高压系统优化平台，还在平台两侧专门设置了排水口以应对冰霜雨雪天气环境的影响。从列车实际运行效果上看，各项参数及降阻指标均已达到世界一流水准。

第二步，做好气动降噪设计

从气动噪声产生的原理来说，高速列车气动噪声主要由偶极子声源产生（声偶极子是指两个相距很近的声源点，它们振动幅值相同，但相位相反），偶极子声源来自气流与列车相互作用时产生的不稳定的反作用力，当偶极子声源遇到列车表面凸出物时就会产生气动噪声。换句话说，如果能够采取措施使气流在列车表面平顺流动，降低气流与列车相互作用的不稳定性，则可有效改善列车气动噪声影响。因此，我们在设计中要尽可能地减少列车表面凸起物。当前成熟的解决方案是：采取下沉车顶高压系统，让高压设备舱与车体顶面齐平；下沉车顶空调设备，让空调顶面与车体顶面齐平；内置式车顶天线设计，隐藏天线突出部分；紧贴式车门车窗设计，让其与车体表面无高度差；光滑外风挡以减少气流扰动等。

这些措施均能有效降低列车表面偶极子噪声源强度，改善列车气动噪声性能，提升列车空气动力性能。以 CR400AF 为例，其整车气动阻力系数较 CRH380A 减少 15.7%，尾车升力系数接近于零，侧风升力系数较 CRH380A 降低约 6%，气动噪声降低 1.0 分贝。

二、今天，我们设计高速列车车体结构

设计关键词：刚度强度＋结构配置＋气密性隔声性＋被动安全系统＋头车排障装置＋设备舱底板＋轻量化、绿色化、低碳化环保思维

有了流线型车头和气动车体外形，下一步我们来设计高速列车的车体。车体是列车的主体部分，不仅要承载设施设备，还要载运全体乘客，以中国标准动车组为例，其车体结构承载质量一般都在 470 吨以上。那么对于如此大的载质量，究竟什么样的车体结构设计既能保证列车载运安全，又能保证列车运行安全呢？

第一步，综合考虑强度、刚度、自振频率、型材结构、框架结构、连接结构、组合结构

高速列车车体结构基本全是由中空铝合金挤压型材组焊而成，通常均采用薄壁筒形整体承载结构，主要由底架、侧墙、车顶、端墙、头车、车体附件组成，高速列车正是依据这样的结构方式来实现大载荷、长距离、高速度运行的。

因此，我们在设计车体结构时，首先要综合考虑车体自身的强度、自身的刚度以及自振频率，分模块分区域地进行匹配设计。为整体提高车体刚度、提升气密强度，车体主体结构应采用大断面、超薄、中空铝合金挤压型材焊接的整体承载结构；为减少应力集中，提高承载能力，车体侧顶部位轮廓应采用大圆弧，侧顶部位型材应采用大断面铝合金；为强化车体整体和局部刚度，车顶、侧墙、地板、端墙部分应采用中空型材结构，底架与侧墙间应采用高刚度连接结构；为优化车体局部和内装连接刚度，应根据车体局部与整体模态参数，合理配置减震材料，避免车体局部发生颤振；为提高框架结构强度和刚度，在列车前窗以及侧窗开口薄弱位置应配置框架结构；为加强司机室安全，头车应采用承载型材弯梁、板梁、高密度蒙皮组合结构；在车体附件部分应安装排障装置和碰撞吸能装置，切实维护车体自身安全。

第二步，综合考虑气密性与隔声性

此部分设计需要特别关注高速列车隧道运行模式，因为当列车在隧道中运行时，车外压力能够一瞬间达到 3000 帕，这对于我们普通乘客而言是根本无法承受的，所以保障车体的气密性与隔声性极其重要。因此，车体结构各大部件连接焊缝必须是密封焊接，所有开口处必须做密封处理，选用的各部件型材内部必须填充减震隔声材料。同时，车体内部及车体下部必须喷涂阻尼浆，以此增加结构的阻尼效果，提高车体的减震性能。此外，应选用中空型材作为车体侧墙、车顶、地板的主力用材，此举不仅能提高车体整体强度刚度，也能间接提高车体的减震隔声性能。

第三步，综合考虑被动安全系统

此部分相当于前两部分的一个闭环设计，主要目的是防撞和降低撞击损害。列车在高速行进之中，一旦发生碰撞，后果将不堪设想。因此，在头车前端必须安装被动安全系统（图 6.6），此系统由前端自动车钩、防爬器（阻止钢轨纵向受力运动）、主吸能元件组成，基本工作原理是当列车发生意外碰撞时，列车的被动安全系统立即展开工作，吸纳和耗散撞击能量并降低碰撞带来的结构破坏。同时，头车最前端下方必须安装排障装置（图 6.7），此装置由导流板、排障板、排障橡胶组成，其主要功能是排除运行前方轨道上的小型障碍物、低矮障碍物。此外，列车下部还必须安装设备舱底板（图 6.8），此设备由裙板、底板、骨架、端板组成，其主要作用是能够有效避免轨道上的雨雪、泥浆、杂物进入车体，同时也能抵挡列车在运行中车底难免受到的沙石等小型异物的冲击，确保车下设备完好无损。

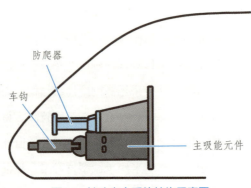

图6.6　被动安全系统结构示意图

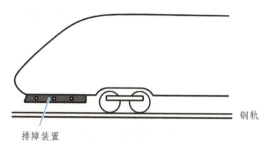

钢轨

排障装置

图6.7　头车排障装置示意图

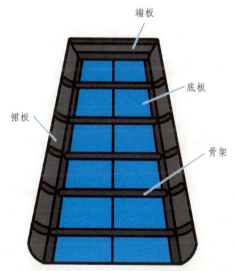

端板

底板

裙板

骨架

图6.8　设备舱底板结构示意图

第四步，综合考虑车体轻量化、绿色化、低碳化

当前，在高速列车的车体结构设计中，绿色、环保、低碳、节能已经成为主流观念，因此我们在设计车体时需要综合运用轻量化、绿色化、低碳化的环保思维。高速列车的轻量化设计不仅可以减少型材用料、降低制造成本，更重要的是通过自身减重而减小机械阻力，以此提高牵引加速能力以及满足绿色、低碳的环保要求。中国标准动车组"复兴号"已普遍采用中空薄壁挤压型材的双壳结构，以轻量化程度高、重量轻、焊接少、维护成本低、对环境影响小为优势特点[①]，并且

---

① 知乎网．"复兴号"中国标准动车组[EB/OL]．（2017-11-15）[2023-07-05]．https://zhuanlan.zhihu.com/p/31062083．

在使用寿命到期后可回收再利用，既保证了轻量化车体的实际需求，也实现了绿色化、低碳化的环保需求。

三、今天，我们安装高速列车转向架

安装关键词：轻量化两轴配置＋高承载性构架＋高性能齿轮变速箱＋高性能制动盘＋抗蛇行减震器＋防脱轨措施＋垂向减震器＋有钢弹簧＋横向减震器＋空气弹簧

设计完车头、气动外形和车体结构后，我们接下来要给高速列车安装最核心的部件——转向架。转向架安装得好坏，不仅直接关系到列车的速度，还直接关系到列车的安全。换句话说，我们制造的高速列车能不能跑得又稳又快全靠转向架。

高速列车转向架通常分为动力转向架和非动力转向架两种，车体下部安装动力转向架的车辆称为动车，而安装非动力转向架的车辆称为拖车，因此动力转向架被通称为动车转向架，而非动力转向架则被通称为拖车转向架。两者的主要区别是：动车转向架有驱动装置，能够为高速列车提供牵引动力，同时也能在列车制动时发挥再生制动作用；而拖车转向架则无驱动装置，无法为列车提供动力，在制动时只能发挥机械制动的作用。转向架的安装位置处于轨道和车体之间（图6.9），中国标准动车组"复兴号"的每节车厢底部都安装有两个转向架，分别位于车厢的两端下部，并采用两轴配置及轻量化布置。

转向架

图6.9　"复兴号"转向架安装位置示意图

高速列车转向架肩负着两项主要任务：一是承载车体及乘客的重量，引导列车沿着轨道运行，并把加速力和减速力传递给车体，保证列车在高速状态下保持优良的稳定性和安全性；二是降低轨道和车轮传递给车体的动态激扰，提高乘客的旅行舒适度。因此，我们安装配置转向架的要点就是从技术角度让转向架发挥好导向与承载、减震与缓冲、牵引与制动的功能以及控制好列车的稳定性、平稳性、安全性。

第一步，发挥好导向与承载功能

前文我们已经提到高速列车是没有方向盘的，列车的导向全部依赖转向架的发挥。也就是说，列车车体是垂直"坐"在转向架上的。当然，为了方便理解，我们也可以把转向架直接意会为高速列车的"方向盘"。那么，这个"方向盘"是如何导向列车沿着轨道行驶的呢？

通常情况下，高速列车要实现导向，车轮和踏面需要具备以下三个基本要件：一是踏面不是平的，而是具有一定倾斜角度的；二是车轮具有合适的轮缘；三是左右两侧车轮通过车轴连接为一体、一同行动。那么，转向架又是如何发挥导向功能的呢？当列车需要转小弯时，理想的状态是大半径钢轨上的车轮走得快一些，小半径钢轨上的车轮走得慢一些。然而，左右两侧车轮是由同一根车轴固定组成的一个运行部件，同一个部件的转动速度不可能有快有慢。因此，当列车转小弯时，在离心力的作用下，轮对向外轨方向（离心方向）产生一定的横向移动，由于车轮踏面具有一定斜度，这时外轨上与钢轨接触点的车轮半径就会变大，行进距离就随之变长，而内轨上接触点的车轮半径则会变小，行进距离随之变短，这样转向架就能够"背着列车"顺利通过小弯。当列车转大弯时，前轮对的外轮轮缘与外轨的内侧面接触，经过互相挤压产生导向力，并由导向力引发导向力矩，使转向架相对线路产生转动，完成列车的大转弯动作。[①]

由此可见，转向架与轮对之间是"亲兄弟"关系。每个转向架包括两组轮对，每组轮对由两个车轮和一根车轴组成。齿轮箱安装在动力轮对的车轴上，而制动盘则安装在非动力轮对的车轴上。这对"亲兄弟"不仅要配合实现高速列车的曲线运动，还要配合完成高速列车的载荷功能。而转向架承担的载荷又分为上部载

---

① 知乎网. 高速动车组转向架是怎么回事？[EB/OL]. （2020-01-23）[2023-07-05]. https://zhuanlan.zhihu.com/p/103459827.

荷、下部载荷、外部载荷。上部载荷是车体自重、乘客载重和车体振动产生的动态载荷；下部载荷为从轨道传递而来的载荷，高速列车的运行速度越快，车轮受到轨道激扰力就越大，传递的载荷也就越大；外部载荷主要是牵引与制动对转向架的作用力。正是由于这3种载荷的存在，客观上就要求转向架具备一个安全承载系数极高的构架，以保证行车结构安全。

如果说转向架对于高速列车而言是最核心的部件，那么构架对于转向架而言也是最核心的部件。因为构架是转向架的龙骨，它将转向架的各个零部件组合成一个有机整体，并承受和传递着3种载荷。动车构架和拖车构架具有相同的主体结构，主要包括侧梁、横梁、小纵梁、吊座，因其外形类似"H"形，因此被统称为"H"形架构。构架通常采用焊接结构，局部结构采用锻造件或铸造件，一般来说选择的钢板越厚，尺寸越大，转向架的强度就越高；但结构尺寸还受限于列车运行时的外部限界、轨道条件以及转向架上安装部件的种类和形状等多种因素，因此构架就不可能又大又重。在实际操作中，我们既需要依据强度仿真计算结果确定结构设计方案，还需要通过静载荷试验、疲劳试验、气密性试验、实际线路试验等层层检验方案，最终在强度和空间尺寸两者间寻找出最优平衡点。

第二步，发挥好牵引与制动功能

行文至此，我们需要把一个关键问题专门提出来谈论一下，那就是：高速列车究竟是怎么高速行进和安全停车的？

这个问题就与安装在转向架上的传动系统直接相关了，即转向架时刻执行着列车牵引传动和制动任务。高速列车要跑得快，离不开牵引传动系统，牵引时要能保证车轮与钢轨之间的摩擦力并把两者紧密接触时产生的轮周牵引力传递给车体、车钩，这样才能牵引列车"动如脱兔"；而制动时则要能保证列车从最高速度快速制动停车，需要制动系统的良好运行和密切配合，在制动时产生必要的制动力，这样才能让列车在规定距离内实施减速并安全停车"静若处子"。

我们先来讲讲转向架是如何牵引的问题。首先，从简单角度理解：安装在转向架上的传动系统就能让列车跑起来，即固定在转向架构架上的牵引电机把动力传递到驱动装置，驱动装置驱使轮对运动，轮对再带动列车高速前进。但是，这里会出现一个不可避免的问题，因为功率 = 转矩 × 转速，那么在输出功率不变的条件下，要保证列车高速运行就必须提高转速，这就必然会导致持续输出的牵引动力不足。为了解决这个具体问题，我们就需要从复杂角度真正理解牵引动力的真谛。高速列车不仅需要第一推动力启动，还需要持续推动力牵引列车长途运行，因此在牵引系统中必须配备变速装置，让电机输入转速降低以保证给予轮对更大的、更持久的牵引动力，这个变速装置就是"齿轮变速箱"，它由小齿轮、大齿轮和箱体组合构成。齿轮变速箱的一端通过从动齿轮安装在高速列车车轴上，另外一端则通过垂直吊挂，悬挂在转向架的构架上，悬挂连接处专门设有专用橡胶，以减小齿轮箱与构架之间的动态载荷。在齿轮变速箱主动轴和牵引电机之间又通过联轴节进行连接，它由两个对称的联轴节构成，通过鼓形齿、内齿套等内部结构实现传递转矩的功能。其中，联轴节鼓形齿的齿顶被加工成球面形，以实现列车运行时引起的牵引电机与齿轮变速箱之间的轴向、径向、角向位移补偿。概言之，高速列车的牵引需要牵引电机与齿轮变速箱的联动工作，只有这样才能给列车输出强大且持续的动力。

接下来，我们再来讲讲转向架是如何制动的问题。高速列车是凭借轮对与钢轨之间的接触运行的，但是这两者之间的摩擦系数又很小，为了让列车在高速运行状态下能够快速刹车、安全停车，必须采用更加科学合理的制动安排和制动方式。高速列车的制动技术主要包括电机制动和机械制动，其中机械制动部分就是由安装在转向架上的机械制动盘负责完成的，其制动机制是通过制动盘上的夹钳一次性地将制动缸压力增大若干倍，然后将强大压力传递给三对闸片并使其压紧制动盘，从而完成高速列车机械制动及快速刹车的技术操作（图6.10）。

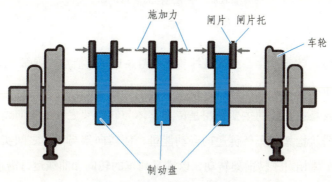

图6.10　机械制动盘工作示意图

第三步，发挥好减震与缓冲功能

为了确保高速列车的安全平稳运行，通常会采用两级减震系统来降低来自线路和外部环境的动力激扰影响。这两级减震系统分别安装在转向架与轮对轴箱之间和转向架与车体之间。

在第一级减震系统中，一系悬挂安装在构架与轮对轴箱之间，用于缓和线路不平顺对列车的冲击作用力（图6.11）。轴箱体是连接构架与轮对的活动关节，通过轴承装置允许轮对相对构架产生垂向、横向、纵向、旋转的运动。同时，通过弹簧、减震器与构架的连接，轮对能够适应轨道不平顺等外部条件，减少车轮振动。橡胶定位节点连接轮对和构架，实现弹性定位作用，既能保证轮对相对于构架有一定的运动幅度，也能快速传递纵向力和横向力。

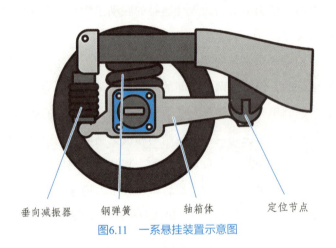

垂向减振器　　钢弹簧　　　轴箱体　　　定位节点

图6.11　一系悬挂装置示意图

在第二级减震系统中，二系悬挂装置（图6.12）包括空气弹簧、抗侧滚扭杆、二系横向油压减震器、抗蛇行减震器、自动高度调整阀、水平杠杆、调整杆和调整垫等。二系悬挂系统的主要作用是传递车体与转向架之间的垂向力、纵向力和横向力，减弱从构架向车体传递的振动能量，使转向架与车体之间实现横向弹性连接，允许车体相对于转向架转动，以满足列车的转向和曲线运行需求。

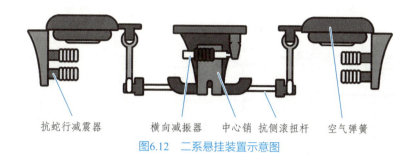

抗蛇行减震器　　横向减振器　中心销 抗侧滚扭杆　空气弹簧

图6.12　二系悬挂装置示意图

第四步，控制好列车的稳定性、安全性、平稳性

我们一方面要安装配置好转向架，另一方面也要解决好转向架在高速运行中的运动力学问题，这样才能确实保障高速列车的稳定性、安全性和平稳性。

稳定性是指转向架在高速运行中的稳定程度，列车的运行速度越高，转向架就越容易出现"蛇行运动"，这是导致列车不稳定的最主要因素。倘若"蛇行运动"不能及时得到控制和抑制，则转向架会很可能出现失稳现象，我们称其为"蛇行失稳"。所谓"蛇行运动"是一种特殊的力学现象，就是转向架在高速运动中带动轮对左右移动，像蛇爬行一样曲线前进。

究其原因主要在于轨道的不平顺。轮对在向前滚动时会发生一定量的向左或向右的偏移，此时左右两车轮在钢轨上的接触点就会发生位移；由于车轮踏面具有一定的斜度，因此左右车轮滚动圆的半径大小就不会一致，滚动半径大的车轮运动快，另一侧车轮的速度就会相对运动慢，从而导致车轴的横向运动轨迹发生变化（一会儿向左一会儿向右）[①]，如同蛇爬行一般，如图 6.13 所示。换句话说，只要车轮踏面形状具有一定斜度，在没有任何矫正措施干预的情况下，"蛇行运动"必定发生。而一旦发生"蛇行运动"，无论列车速度变快、变慢还是不变，"蛇行运动"的振幅不仅不会衰减，反而会逐步增大，车轮边缘和钢轨就会发生剧烈碰撞，严重时很可能发生脱轨事故。

---

① 王开云，刘鹏飞. 车辆蛇形运动状态下重载铁路轮轨系统振动特性[J]. 工程力学，2012，29（1）：235-239.

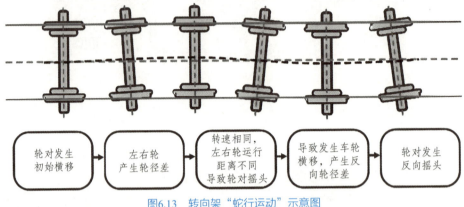

| 轮对发生
初始横移 | → | 左右轮
产生轮径差 | → | 转速相同，
左右轮运行
距离不同
导致轮对摇头 | → | 导致发生车轮
横移，产生反
向轮径差 | → | 轮对发生
反向摇头 |

图6.13 转向架"蛇行运动"示意图

　　我们该如何防止"蛇行失稳"并有效提升列车的稳定性呢？为抑制转向架的"蛇行运动"，我们就必须在转向架上加装一个抗蛇行减震器（回转阻尼装置），如图 6.14 所示。当转向架发生蛇行运动及转向架相对车体转动时，抗蛇行减震器将有效抑制转向架和车体间的相对转动，抑制并控制住"蛇行运动"，防止出现"蛇行失稳"。同时，只要我们把"蛇行运动"的临界速度设计成高于列车的最高时速并保留一定裕量，则可保证列车在高速运行中不发生大幅度的"蛇行失稳"。此外，我们还可以通过减小车轮踏面斜度、加大车轮直径和转向架轴距、提高轴箱定位刚度等一系列具体措施来进一步提升列车的稳定性。

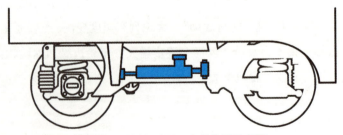

图6.14 抗蛇行减震器安装位置示意图

对于高速列车而言，最严重的安全性威胁莫过于脱轨事故。一般常说的脱轨现象包括跳轨脱轨、爬轨脱轨、滑轨脱轨、掉轨脱轨。那么我们又该如何提高列车安全性，避免脱轨严重事故发生呢？我们知道，与其他交通形式相比，轨道交通的最大特点就是利用车轮和钢轨之间的相互作用从而带动列车前行，而正是这种作用关系直接影响着列车的安全性。而反映安全性最直接的指标是轮轨作用力，而作用力的大小又与车轮和钢轨的几何形状、用材用料、列车时速息息相关。车轮在运行过程中，与钢轨之间持续摩擦导致轮对踏面发生磨损，随着时长的增加，踏面的形状将会随之发生变化。一般来说，车轮在使用初期磨损较快，而经过一定量的走行距离后，钢轨与轮对踏面磨损进入一个相对稳定的状态。但随着运行时间的进一步推移，当踏面的形状变化积累到一定程度后，不仅高速列车的运行性会受到影响，更关键的是列车的安全性也会受到影响，严重时会有脱轨的风险。因此，国际通用的解决方案是在高速列车运营里程达到一定数值后，铁路运营公司（铁路主管部门）就会对轮对踏面进行镟修，将形状镟修为初始的形状。但是，踏面每镟修一次则轮对直径就会相应减小，因此当轮对直径镟修减小到一定限值后（轮对直径不再满足运行条件），轮对必须报废弃用。

高速列车除了要面对踏面磨耗问题外，还有一个突出问题也必须解决——车轮打滑问题，这也是直接影响列车安全性的重要因素。简单地说，轮对和钢轨的接触本质上是面与面的接触，这个接触区域通常被称为"接触斑"，它的形状近似为椭圆形，面积约为指甲盖大小。相较于其他陆路交通，轨道交通轮轨间的摩擦系数相对较小，但是高速列车载重大、速度快，所以在运行中会在这小小的"接触斑"上产生大大的摩擦力，而此时就有可能发生车轮打滑，严重时可能导致脱轨事故。因此，国际通用的解决方案是在高速列车正常启动和制动过程中，保证施加在轮对上的作用力要低于"接触斑"内的摩擦力，这样将有效避免车轮打滑。此外，合理提高踏面锥度、提升转向架通过小半径曲线的导向性以及降低一系悬挂轴箱定位节点刚度和降低二系悬挂回转阻尼，也是减小脱轨概率的必要措施。

在确保高速列车稳定性和安全性后，我们还要进一步处理好列车的平稳性。钢轨在人工铺设或机械铺设过程中，都不可能实现理想中的平直状态，左右两条钢轨必然存在竖直方向或者水平方向的波状变化。高速列车在轨道上运行时，由于线路存在着不可避免的钢轨不平顺以及道岔借过、钢轨磨耗、车轮踏面斜度不符合规定、轮轴偏心等多种复杂因素，列车将承受各种周期性、瞬时性振动与冲击。在这些外部刺激的合力作用下，转向架的运动就呈现出复杂状态，运动形式包括：伸缩（沿行进方向前后运动）、横摆（沿行进方向左右运动）、浮沉（沿行进方向上下运动）、侧滚（绕前后方向的轴转动）、点头（绕左右方向的轴转动）、摇头（绕上下方向的轴转动）6个自由度的平动和旋转运动，并且当列车运行速度较高时，转向架的这6种运动并不是单独发生的，而是几种运动形式同时发生。那么，在保证列车稳定性、安全性的大前提下，如何降低外部刺激，提高乘坐舒适度呢？国际通用的解决方案是在轮对轴箱和转向架构架之间安装垂向减震器和有钢弹簧，在车体和转向架构架之间安装横向减震器和空气弹簧，这些悬挂元件将大大减弱来自轨道的振动，有效提升高速列车运行的平稳性。

四、今天，我们配置高速列车牵引传动系统

配置关键词：建造牵引变电所＋架设接触网＋受电弓＋牵引变压器（增配冷却系统）＋牵引变流器（增配冷却系统）＋异步牵引电机（增配冷却系统和速度传感器）

在设计好头车、车体以及安装好转向架之后，我们的高速列车已经初具规模。接下来面临的问题是如何让列车"跑起来、跑得快"，而解决好这个问题的关键就是要配置好牵引传动系统。

第一步，配置好牵引供电系统

目前，高速列车的主要动力源来自电力，而电能则来自牵引变电所及接触网供电。牵引变电所的主要作用就是将电力系统供给的电能转换为高速列车电力牵引适配的电能；接触网则是高铁线路牵引供电系统中的核心设备，它的功能就是向运行中的高速列车供给持续不断的电能。我们已经知道，中国的电力系统采用的是三相交流制，而电气化铁路采用的则是单相交流制。从电源质量上看，三相供电确实比单相供电整流逆变得到的电源质量更高，但从实际应用上看，由于三相交流电受流过程复杂，并且在高铁线路上方架设三条接触网电线也会额外增加

成本，因此中国高铁在接触网部分均使用单相交流电。具体操作如下：牵引变电所先将由电力系统输送来的三相交流电进行电压等级变换和相数变换，然后再将变换好的单相交流电输送到接触网。接触网就架设在高铁线路的正上方，高速列车利用车体顶部的受电弓与接触网接触，从而获取源源不断的稳定电能。

第二步，配置好牵引传动系统

通过前几章的讲解，我们已经知道高速列车牵引传动系统由受电弓、牵引变压器、牵引变流器、异步牵引电机等主要设备组成。中国高速列车普遍采用交流传动系统（图 6.15、图 6.16），其工作流程如下：先将 25 千伏 /50 赫的单相交流电从接触网通过受电弓引入高速列车主供电电路→接着通过牵引变压器将 25 千伏高压电作降压处理后输出给牵引变流器→牵引变流器再将输入的单相交流电转变为能够驱动异步牵引电机工作的三相交流电→最后牵引电机又通过旋转带动车轮齿轮旋转，从而推动高速列车"跑起来"。

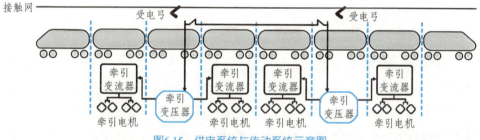

图6.15　供电系统与传动系统示意图

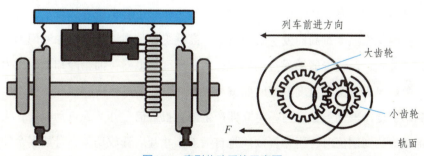

图6.16　牵引传动系统示意图

131

中国高铁所采用的交流传动系统具有两大显著特点：一是所使用的异步牵引电机体积较小、重量轻、功率足、启动性强；二是通过改变异步牵引电机的转差，能够完成从电动机到发电机的转变，从而实现再生制动并可减少制动闸片磨耗。以 CR400 为例，该列车共安装了 4 台牵引变流器和 16 台异步牵引电机，整车牵引功率能够达到 10 000 千瓦，此功率能够确保列车以时速 350 公里长距离、无间断持续运行。

由于牵引传动系统工作流程复杂且非常重要，因此我们有必要按照系统组成要素进一步详解其工作原理，以便让大家彻底弄明白和掌握该系统的功能配置。

其一，受电弓的工作原理

高速列车的受电是通过安装在车体顶部的受电弓与接触网导线接触而实现的，因此列车的受电状况优劣直接依赖于受电弓的技术状态好坏。受电弓是确保高速列车良好取流、稳定运行的根本因素，受电弓的升降由气囊平衡系统控制，在空气压力作用下，气囊伸长（缩短）产生扭矩，并通过凸轮及弹性连接轴使受电弓升起（降下）。

其二，牵引变压器的工作原理

牵引变压器由铁心、线圈、冷却装置、温度传感器、温度继电器、压力释放阀等部件组成，其主要功能是把受电弓从接触网上获取的 25 千伏高电压转变为可供车上电气设备正常使用的低电压。在受电弓从接触网上取电后，在牵引变压器的原边绕组中产生交流磁通，再经过电磁感应在牵引绕组中产生出相应大小的电压。牵引变压器输出的电压值和电流值是通过牵引绕组线圈匝数比（原边绕组与次边绕组的比值）来调节和控制的。

和所有电气设备一样，牵引变压器在持续工作时也会出现发热现象，为了保证其不会因工作温度过高而发生安全事故，高铁工程师在工作系统中专门为其配备了冷却装置，该装置能够通过温度传感器、温度继电器、油箱冷却器、压力释放阀、散热风机来实现温度的实时监测与实时调节。当温度传感器和温度继电器检测到牵引变压器油温过高时，将立即产生油温报警信号并实施自动保护；当油箱内部压力达到阈值时，压力释放阀将自动工作并开启释放功能，排放多余的气体和油，完成减压操作避免油箱压力急剧增大导致油箱破裂甚至爆炸，而当压力恢复正常设定值后，压力释放阀的阀口将自动关闭，停止工作。

其三，牵引变流器的工作原理

牵引变流器的主要功能是将牵引变压器转换输出的单相交流电压进行整流操作，逆变为牵引电机适用的电源配置，为高速列车提供动力及动力控制。其工作原理及工作流程是：协调多元动力同步响应并执行司机室发出的操作指令→保证牵引变流器的牵引控制精度与牵引控制步调一致（确保列车在高速运行中的平稳性）→统一对列车牵引力速率进行合理化黏着控制（确保列车不出现动力空转以及传动过速）→响应网络控制恒速功能并完成无火回送自发电（确保列车的电磁兼容性）。

这样讲可能过于理论化和抽象化，我们现在就以 CR400 的牵引变流器为例具体说明。该列车配备的每台牵引变流器都是由 2 个整流模块 + 2 个牵引逆变模块 + 1 个辅助逆变模块 + 1 个牵引控制模块构成的。其中，整流模块的作用是将牵引变压器输出的单相交流电转化为直流电以及再将直流电转化为单相交流电。当高速列车运行时，该模块将保持直流电的电压和功率；当高速列车需要产生再生制动时，又将直流电转化为单相交流供牵引变压器使用。逆变模块、辅助逆变模块的作用是将直流电逆变为三相交流电并带动电机运转。牵引逆变器的输出电压与频率均可调节，电压与频率的大小决定了牵引电机转速的大小，牵引电机转速的大小决定了高速列车的时速大小。每台牵引变流器的牵引逆变模块可为 1 台安装在转向架上的 2 台牵引电机供电，也可以给 2 台安装在转向架上的 4 台牵引电机供电。牵引控制模块是根据列车网络系统发出的控制指令，在实现列车牵引、调速、制动的同时，对牵引变流器各模块工作状态进行实时监控，如发现异常情况将立即启动自我保护功能。

为了更便于大家理解，我们也可以把整流模块和牵引逆变模块想象成一组大开关：牵引控制模块依据列车的实际情况对这组大开关进行开通和关断操作，通过变换输出电压及输出频率来控制牵引电机输出不同的转速和不同的牵引力，以此实现牵引、调速、再生制动功能。同时，为了保证牵引变流器持续稳定工作并避免发生过热现象，CR400 为每台牵引变流器均配备了水冷系统，通过进水管将冷却水送至需要冷却的水冷板，再通过出水管将冷却后的水送回水冷装置。此外，

CR400 的牵引变流器还具有"自发电"功能：当列车以惯性速度经过线路上的无电区时，牵引电机的工作状态将转变为发电模式，此时牵引变流器则进入"微制动状态"，即通过再生制动保持电压及输出频率恒定；当列车突发故障时，车载蓄电池将为牵引变流器提供电能，牵引变流器将带动牵引电机及辅助供电系统持续工作并等待进一步救援。

其四，异步牵引电机的工作原理

牵引电机的主要作用是将电能转化为机械能（电能来自牵引逆变模块供电），通过传动机制带动车轴旋转驱动轮对转动。牵引电机输出的转矩并不直接作用在列车轮对上，而是通过联轴节的运动和齿轮箱的工作来实现电能向机械能的转换。中国的 CRH"和谐号"系列和 CR"复兴号"系列动车组均使用三相异步牵引电机，电机设备直接安装在转向架上，通过联轴节与齿轮箱的小齿轮连接，小齿轮与大齿轮啮合转动带动轮对旋转，使轮轨间产生向前的摩擦力从而带动列车前行。联轴节是传递牵引电机和齿轮箱输出的扭矩和旋转的机械装置，其通过滑移运动对所连接的两轴的轴向、径向、角向位移实现补偿。牵引电机与牵引变压器、牵引变流器一样同属大功率电气设备，因此牵引电机也专门配置有冷却系统。同时，在每台异步牵引电机的非传动端，还分别安装了一个速度传感器，该设备通过电缆连接器与车载通信设备连接，时刻监控列车时速并及时向信息系统反馈监控信号和数据。CRH 车型与 CR400 车型异步牵引电机参数对比见表 6.1。

表 6.1　CRH 车型与 CR400 车型异步牵引电机参数对比

列车车型	电机牵引功率 / 千瓦	动力配置	总输出功率 / 千瓦
CRH1A	265	5 动 3 拖	5 300
CRH2A	300	4 动 4 拖	4 800
CRH2B	300	8 动 8 拖	9 600
CRE2C	300	6 动 2 拖	7 728
CRE3C	550	4 动 4 拖	8 800

续表

列车车型	电机牵引功率/千瓦	动力配置	总输出功率/千瓦
CRH5A	550	5动3拖	5 500
CRH380A	400	6动2拖	9 600
CRH380AL	365	14动2拖	21 560
CR400	625	4动4拖	10 000

五、今天，我们配置高速列车制动系统

配置关键词：制动控制系统＋基础制动＋风源系统＋紧急制动EB＋紧急制动UB＋防滑控制装置＋防抱死控制装置＋乘客紧急制动装置＋保持制动装置＋停放制动装置＋清洁制动装置＋故障导向安全装置

完成了"跑起来、跑得快"的功能配置，我们就该考虑"停下来、停得稳"的操作配置了。制动系统的作用简直不言而喻，它将负责我们"制造"的高速列车在行进途中，如遇曲线运动或者紧急情况时，按照司机室指令完成精准减速或安全停车，并在列车进站时按照既定时间和距离减速停车。

高速列车的整个制动系统由制动控制系统、基础制动、风源系统组成，是一种电气制动＋空气制动的复合制动模式。其中，制动控制系统是由电脑控制的直通式电空制动，其主要负责接收并执行来自司机室和列车自动控制系统的制动指令，并对空气制动和电气制动进行管理和协调。具体操作是：使用风源系统提供的压力空气来驱动转向架的基础制动，使其产生基础制动力；当基础制动力不足时，则向电气制动发出信号，命令牵引系统产生电气制动力，以满足减速或刹车动作。同时，制动控制系统还配备有常用制动、紧急制动EB（电空复合紧急制动）、紧急制动UB（纯空气紧急制动）、保持制动、停放制动以及清洁制动等多元制动模式。工作顺序是：在高速列车制动过程中，优先利用基础制动和电气制动力；当制动力还不足时，再由空气制动补充；如遇紧急情况，系统将启动EB和UB系统。

我们在前面安装转向架部分已经提到过基础制动，它由制动盘、制动夹钳、闸片等组成，整体安装在高速列车的每台转向架上，用来传递制动力并产生机械制动，如图 6.17 所示。其制动单元包括轮装制动盘和轴装制动盘两种类型，在列车动车部分一般使用轮装制动盘，在列车拖车部分一般使用轴装制动盘。而整个制动系统中的风源系统则主要负责为转向架上的基础制动装置提供压力空气并使其进入工作状态完成减速刹车动作。

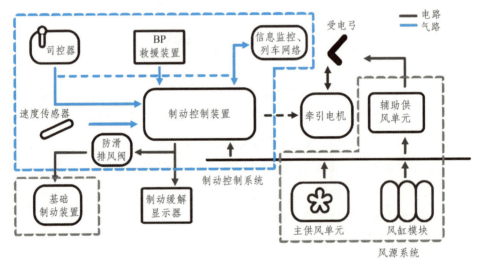

图6.17　制动系统示意图

和前面的牵引传动系统一样，由于制动系统对于高速列车的安全运行至关重要，因此我们也有必要拆解整个制动系统并进一步详解其工作原理。

（一）制动方式及其工作原理

众所周知，运动中的物体的动能与速度的平方成正比，那么物体运动速度越快则所需制动力也越大。对于普通列车而言，由于其运行速度不快，因此减速刹车时需要的制动力也相应不大，其制动方式通常采取空气制动，即通过安装在转向架上的制动盘与闸片之间产生的摩擦制动力即可完成降速停车操作；而对于高速列车则完全不同，因为运行速度很快，它就需要更大的能量才能安全刹车，因此仅依靠制动盘与闸片摩擦产生的制动力是远远不够的。

高速列车通常采用的是电脑控制的空气制动和电气制动共同工作的复合式制动方式，只有两者紧密配合（电气制动优先＋空气制动补充）才能完成减速刹车动作。电气制动与空气制动都属于黏着制动方式，黏着制动方式是指以车轮与轨道之间产生的巨大摩擦力为基础进行制动刹车。但是，黏着制动方式是受到外界物理条件约束限制的，如当高速列车在雨雪天气或者车轮踏面状态不佳等环境下运行时，轮轨之间的摩擦力必然会减小，这可能会导致车轮发生滑行现象，严重时甚至会发生抱死情况。车轮抱死后，若不及时实施防滑控制，车轮摩擦面将发生异常磨损，这不仅会造成车轮擦伤，更影响列车行车安全。

高速列车配备的高性能防滑控制装置，能够对从速度传感器传输来的各个车轴的速度脉冲频率信号进行处理计算，并对滑行检测指标数值与设定控制指标数值进行比对，以此判断列车是否出现了滑行现象。当检测到列车空气制动滑行时，防滑控制装置会立即控制防滑排风阀来减小滑行轴的制动力，使滑行轴的速度尽快恢复与列车同速；当检测到电气制动滑行时，则会立即发送减小电气制动指令，通过牵引变流器消减电制动力的方式减小并遏制滑行状态，让轮轨间及时恢复相应的黏着力。

（二）制动模式及其工作原理

中国高速列车设置了多种制动模式，司机可根据不同条件和不同情况，采取相应的制动模式以保证列车运行安全。为方便司机进行调速操作，在司机室的操纵台上专门设置了"制动模式控制器"，司机可以通过控制手柄增加或减小列车的制动力。当列车遇到紧急情况亟须立即停车时，司机可开启"制动模式控制器"上的紧急制动，以便列车在最短时间和最短距离内快速停车。

以 CR400 为例，司机控制器手柄上设置有 1 到 7 级常用制动模式。常用制动模式统一优先电气制动，当电气制动力不足时，再由空气制动进行补充，以满足高速列车所需的必要制动力。同时，手柄上还专门设置了紧急制动 EB 挡位，紧急制动采用电空复合制动方式，当列车以 300 公里时速在平直轨道上运行时，紧急制动距离将小于 3.8 公里；当列车以 350 公里时速在平直轨道上运行时，紧急制动距离将小于 6.5 公里。在司机操纵台上还设有另外一个紧急制动 UB 按钮。当列车发生紧急情况或突发状况时，司机可直接按下 UB 按钮触发紧急制动。同时，列车控制系统如发现险情，也会立即向司机室发送信号并使紧急制动安全环路失电（在列车运行中，紧急制动安全环路处于带电状态），从而让各车产生纯空气紧急制动力。在 CR400 每节车厢门的右上方均设有乘客紧急制动手柄，拉动手柄上的电动开关则将使紧急制动环路断开，并触发列车自动紧急制动 EB。一旦乘客拉动紧急制动开关，司机室将收到报警信号并显示具体车厢位置，以便司机及时了解情况并实施控制操作。

此外，为有效解决列车在雨雪天气及潮湿路况条件下，积雪积水附着在制动盘和闸片上的问题，以及有效防止和快速恢复因轨道潮湿造成的制动力下降问题，司机可依据信息信号提示，按下设置在操纵台上的清洁制动按钮。清洁制动的作用是在制动盘与闸片间施加一定的空气制动力，将制动盘和闸片之间的雨雪快速除去以恢复盘片之间的有效制动力。司机除了增加盘片间空气制动力外，还可通过踏面清扫或撒砂控制的方法辅助增强轮轨黏着力。踏面清扫器安装在每个车轮上，高速列车在运行时，该装置能实时检测车轮状态，如出现空转或滑行情况，将自动开启清扫功能为轮轨增加瞬时黏着力。此外，撒砂控制按钮也设置在司机操纵台上，当列车制动控制器（BCU）检测到车轮出现滑行现象后，将自动向司机室发出警示信号，司机将根据信息提示和实际情况，启动撒砂控制来抑制车轮滑行。

同时，为防止列车在湿滑或斜坡路段停车时发生溜车事故，以及为保证列车长期户外停放及驻车时不发生意外移动，在拖车车轴上均配有带有弹簧储能功能的停放制动缸，该设备的作用是保证列车在无压缩空气、无电源供给条件下，仍旧具备足够的停放制动力和保持制动力，以此避免发生溜车事故。

现在，我们还需把情况想得更极端一些：如果列车本身或者制动系统本身发生故障时该怎么办？此时此刻，故障导向安全系统将挺身而出！列车故障导向安全系统最主要的作用，就是当列车发生故障，例如列车保护系统 ATP 自动发出紧急制动请求、列车控制电源突然发生失电、列车停放制动意外失灵、紧急制动 EB

检测到制动力不足等情形时，该系统能够自动导向并确保列车紧急停车；而当制动系统本身发生故障时，该系统也能实施紧急停车操作。

六、今天，我们配置高速列车辅助供电系统

配置关键词：辅助变流器＋充电机＋蓄电池

通过以上的设计、配置与组装，我们自己"制造"的高速列车已经具备了运动能力和基础制动能力，接下来就要考虑如何配置好列车辅助供电系统，让列车的内部系统也充分工作起来。

辅助供电系统的主要功能是为冷却系统、空调系统、照明系统、列车控制系统等车载电气设备设施提供充足电能，如图6.18、图6.19。目前，中国高速列车采用的辅助供电模式主要分为两种：一种是CRH系列使用的牵引变压器三次绕组供电模式；另一种是CR系列使用的牵引变流器中间直流回路供电模式。

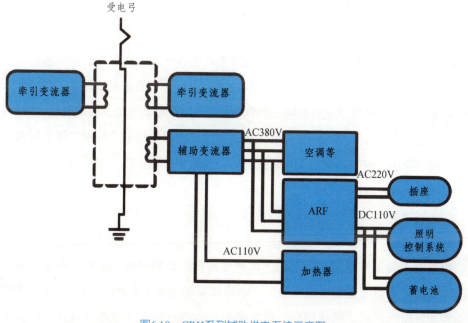

图6.18　CRH系列辅助供电系统示意图

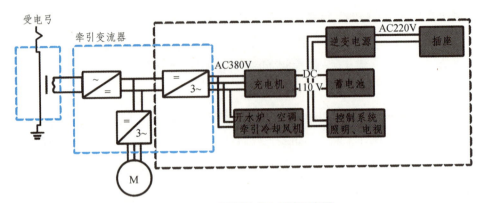

图6.19　CR系列辅助供电系统示意图

我们现以 CR400 为例，具体介绍辅助供电系统的工作原理以及配置方式。CR400 共安装 4 台辅助变流器（分别集成在牵引变流器内部），通过辅助逆变器从牵引变流器中间直流环节取电，输出 380 伏三相交流电，为车载电气设备装置提供电源。同时，CR400 还为辅助供电系统进行了冗余设计（控制和减少相应负载），以应对列车行进中可能遇到停机情况或机械故障：当一台辅助变流器不能正常工作时，不需要减少负载，所有辅助负载都可照常工作；当两台不能正常工作时，系统将自动减少空调系统的负载功率；当三台不能正常工作时，系统将关闭其他车载电气设备，仅为通风、照明、信号系统供电。此外，为应对恶劣情况，列车上还配备有专用充电机，充电机能将辅助逆变器输出的 380 伏三相交流电经过整流、降压、滤波后输出 110 伏直流电，为列车控制系统、照明通风系统及逆变电源等设施设备提供必要电源。

如问题更为极端，例如接触网竟然突然停电，接触网停电意味着牵引电机将无法正常工作，列车也就失去了动力不能运行并且充电机也得不到供电，此时，备用蓄电池将发挥关键作用，它将代替充电机为车载用电系统提供电源支撑。CR400 的蓄电池电量能够维持列车应急通风系统连续工作 90 分以上，能够为列车控制、信号通信、维修用电、应急照明、应急显示等车载电气设备持续供电 120 分以上。在此期间，铁路管理部门将启动应急预案并实施救援。

七、今天，我们配置高速列车网络控制系统和运行控制系统

配置关键词：搭载 TCN 网络 + 应用网络冗余技术 + 应用导向安全技术 + 应用以太网技术 + 应用车地无线传输技术 + 应用远程监控技术 + 应用中国高速列车运行控制系统（CTCS-2、CTCS-3）

大家一定已经注意到了，上文中我们经常提到高速列车通过数据对比控制列车，以及司机通过操纵台控制列车。那么，列车是凭借什么信息自动调试和控制车载设施设备的呢？司机控制列车的那些状态信息数据又是从何而来的？要解释这些问题就需要列车网络控制系统登场亮相了，我们也借此即将完成最后的组装配置工作。

总体而言，列车网络控制系统是一个安装在列车上的计算机局域网络系统，其主要任务就是对列车整体信息进行采集与传递，并对列车整体进行监测、诊断、控制以及为乘客提供信息服务。[①] 在控制方面，列车网络控制系统是集运算技术、控制技术、设备故障诊断技术、网络通信技术于一体的计算机信息网络，其作为系统信息交换和共享渠道，将列车计算机控制系统的各层次与各单元紧密连接，并以此实现分布式控制与操作，从而完成列车数据信息整体控制与交换；而在操作方面，列车网络控制系统能够通过网络控制系统，为司机驾驶高速列车提供各级各类信息数据以及操作策略。

接下来，我们还是通过详解机制功能和工作原理的老办法，来最终完成的这列高速列车的组装配置工作。

（一）列车网络控制系统的主要功能及其工作原理

列车网络控制系统是为高速列车全程安全运行保驾护航的中枢神经，其主要功能是信息传输、运行控制、状态监控、故障诊断。

目前，中国 CRH 和 CR 系列动车组均搭载 TCN 网络（Train Communication Network，列车通信网络），该网络系统呈现两级总线的层次结构，两级总线是

---

① 任学淳.列车通信网络配置软件开发[D].大连：大连理工大学，2006.

指用来连接各节可动态编组车辆的列车总线和用于连接列车内部各级各类电气设备的车辆总线，系统通过连接列车总线和车辆总线，实现两套线路之间的双向信息数据交换。[①]同时，TCN网络信息的传输方式、传输速率以及数据解析方式，可根据列车的不同应用场景进行专门设计。该网络控制系统运行控制的流程是：网络控制系统通过输入输出模块→采集司机发出的各项操作指令→经过总线将采集到的指令信息发送至中央控制单元→中央控制单元对指令信息进行综合判断和逻辑运算→转换成可执行的信息再通过总线发送给各执行模组→由各执行模组完成列车的运行动作。也就是说，高速列车在轨道上有序行驶的依据，就是来源于网络控制系统对行车信息的采集与处理。

如果说网络控制系统是列车的中枢神经，那么中央控制单元就是列车的大脑，这个大脑随时对列车的各级各类信息进行数据管理和指令响应，它所承担的信息处理任务可分为三大类：一是对列车总线和车辆总线进行控制与管理，按照既定通信协议完成数据的组织和转发，从而实现列车所有信息的传输；二是对指令信息进行收集和逻辑判断，形成控制命令并发送至列车的其他系统执行，例如控制受电弓的升起与降下、列车的走线与停靠、设备的数据监控与运行；三是对各系统反馈的信息进行诊断，当检测出总线或网络设备出现故障时，将自动采取必要措施对列车的安全运行进行保护。

同时，列车网络控制系统能够对列车及其重要部件的运行状态进行实时监测和及时报警。其监测范围主要涵盖：牵引传动系统运行状态、制动系统运行状态、车载电气系统运行状态、司机指令操作与执行状态等。该系统会将监测与监控到的列车运行状态信息，分别以司机信息模式、机械师信息模式、维护信息模式进行显示。而显示内容主要包括实际速度、目标速度、牵引力数据、行进方向、故障提示等。这些关键信息一方面通过司机室操纵台上的人机交互界面（图6.20）实时反映，帮助司机做出正确判断和操作；另一方面则通过机械师室监控台上的人机交互显示界面实时反映，帮助机械师及时发现安全隐患。

---

① 杨丽丽. MVB-CAN通信网关的设计与实现[D]. 成都：西南交通大学，2010.

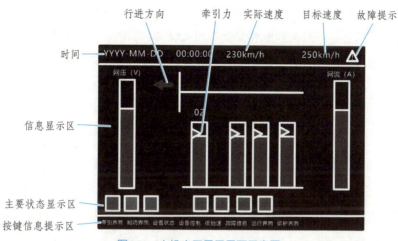

图6.20 人机交互显示界面示意图

　　此外，列车网络控制系统还对主要车载电气设施设备实施状态监控，如发现故障信息则通过人机交互显示界面进行及时提示和报警。同时，会把采集到的信息数据通过车载无线传输设备进行完整记录，并通过移动网络发送至地面维修服务中心，如图6.21。可见，列车网络控制系统作为列车的中枢神经，在列车控制、信息传输、人机交互、故障诊断等方面都发挥着不可替代的作用。

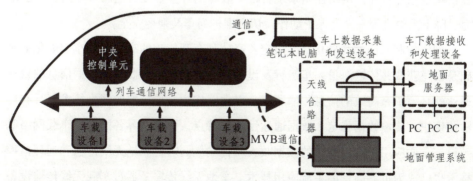

图6.21 信息采集和传输示意图

需要特别指出的是：通过网络控制系统所收集到的牵引传动、制动及控制系统信息，列车运行状态与电气设备工作信息，列车自诊断综合信息，各级各类电气设备通信信息，以及关涉乘客安全的相关设备状态信息，对未来高铁的技术发展、机车改造、车型升级、设备维护、智能迭代等具有极其重要的数据价值和现实价值。

（二）列车网络控制系统的关键技术及其工作原理

列车网络控制系统的首要责任就是保障高速列车安全运行，而安全保障主要依靠网络冗余技术和导向安全技术来实现。因此，为避免网络通信故障对列车安全运行造成不可逆的影响，网络控制系统总线及其关键部件均使用网络冗余技术。简单概述网络冗余技术就是：如果一条线路或某个设备发生故障时，另外一条冗余线路及其设备部件仍可驱动网络系统正常工作。例如，列车头车就设有两个互为冗余的中央控制单元，两个设备相互监控对方工作状态，当一方发现另一方出现通信异常现象时，将自动实施主从切换。再例如，列车司机室也设有两个互为冗余的人机接口显示屏，当主显示屏发生故障时，另一个显示屏将接替主显示屏并立即展开工作。同时，列车网络控制系统对于一切关键控制信息和工作状态信息都应用了网络冗余技术，将输入输出模块分别置于两个不同网段的模组中，以便出现状况时能够及时进行主从切换。此外，列车运行安全保障采取安全导向原则，即列车网络控制系统具有司机警惕、限速保护等主动防护功能。一旦发生突发情况或意外状况，网络控制系统将根据故障的轻重程度，主动采取封锁牵引动力、降下受电弓等一系列保护动作，切实维护列车及乘客安全。

网络控制系统的智能化高度决定着高速列车智能化的高度。列车智能化的基础是快速获取并传输海量列车运行及设备工作数据信息，要实现数据信息的快速通达就必须依靠高效的信息传输通道。以太网作为一项成熟的网络技术，具有传输速度快、传输数据稳定、数据通达性高等特点，已被世界各国作为车载网络基础设施全面应用于高速列车的数据收集与传输。同时，车地无线传输和远程监控技术也已成为世界高铁的主流应用技术。车地无线传输是通过车载无线传输设备（WTD）对列车各级各类数据进行采集、分析、处理，从而实现列车的实时监控和数据的本地存储。而列车的远程监控主要是以 4G 网络、5G 网络、WLAN 网络和 GSM-R 网络作为无线数据传输通道，其工作流程是：车载无线传输设备先将采集到的列车传感信息上传至地面大数据中心服务器→列车运营部门、地面维护检修人员、远程诊断专家依据这些实时信息数据，对列车运行情况、状态信息、有无安全隐患以及有无故障现象进行综合研判→如发现安全隐患或诊断出故障将及时采取措施并作排障处理。

（三）中国高速列车运行控制系统的核心技术及关键装备

当前，为彻底解决国外高性能芯片禁运禁购对中国高速列车控制设备生产的不利影响，经过无数科学家和工程师的不懈努力，中国已攻克了系统级列控芯片的设计技术和封装技术，并掌握了高集成、低能耗、产业化芯片的设计和量产技术，接连实现了 SIL-3 级、SIL-4 级高性能高安全芯片的自主研发，接连完成了 CTCS-2 级列车运行控制系统、C2ATO 级列车运行控制系统、CTCS-3 级列车运行控制系统的全套自主化装备研制，技术及设备已成功应用于 ATP 车载设备（车载自动防护设备）、无线闭塞中心、控制中心、临时限速服务器、车站联锁、轨道电路、应答器、通信控制服务器等列车关键设备，中国的列车控制设备安全完整性等级已达到国际最高等级。同时，在列车运行控制系统仿真试验方面，中国搭建了全线、全景、全速综合仿真平台，该试验平台采用列车运行控制设备实物与半实物仿真相结合方式，以及实验室测试与现场试验相结合方式，形成了从产品测试到线路数据试验再到列车运行控制系统的安全确认流程，以及从子系统专项测试、实验室集成测试、现场集成测试到联调联试再到试运行的测试验证流程，为中国高铁技术迭代升级提供了科学依据。

现在，中国高铁已全面建立起了全路统一、互联互通、国际领先的高速列车运行控制标准体系和先进的中国铁路运行系统 CTCS 技术标准体系，推动时速 350 公里高速列车实现了长大干线上基于无线通信方式的安全可靠控制，实现了 CTCS-3 级、CTCS-2 级不同列车运行控制等级的深度集成，实现了城际铁路与干线铁路的互联互通，实现了不同等级线路运行状态下不停车动态平滑切换，已成功构建起了满足全路"一张网"规划下的不同制式平台、不同运行等级的互联互通"中国高铁模式"。

最后，祝贺自己吧！经过整整 7 天的努力，我们成功设计、配置、组装出了一列属于我们自己的时速 350 公里的中国高速列车。现在，通过表 6.2 再次回顾一下，我们一起"造"高铁的这段历程，也借此向全中国为中国高铁实现赶超与创新付出无数心血的英雄们，致敬！

表 6.2　我们一起"造"高铁

设计车头	设计关键词：流线型头车＋驾驶舱 22～35 度倾角＋设计建模＋仿真分析＋风洞试验＋线路试验＋现实优化
设计车体外形	设计关键词：设置前端导流罩＋下沉车顶高压系统＋下沉车顶空调设备＋内置式车顶天线设计＋倾斜光滑立面＋紧贴式车门车窗设计＋光滑外风挡
设计车体结构	设计关键词：刚度强度＋结构配置＋气密性隔声性＋被动安全系统＋头车排障装置＋设备舱底板＋轻量化、绿色化、低碳化环保思维
安装转向架	安装关键词：轻量化两轴配置＋高承载性构架＋高性能齿轮变速箱＋高性能制动盘＋抗蛇行减震器＋防脱轨措施＋垂向减震器＋有钢弹簧＋横向减震器＋空气弹簧
配置牵引传动系统	配置关键词：建造牵引变电所＋架设接触网＋受电弓＋牵引变压器（增配冷却系统）＋牵引变流器（增配冷却系统）＋异步牵引电机（增配冷却系统和速度传感器）
配置制动系统	配置关键词：制动控制系统＋基础制动＋风源系统＋紧急制动 EB＋紧急制动 UB＋防滑控制装置＋防抱死控制装置＋乘客紧急制动装置＋保持制动装置＋停放制动装置＋清洁制动装置＋故障导向安全装置
配置辅助供电系统	配置关键词：辅助变流器＋充电机＋蓄电池
配置网络控制系统和运行控制系统	配置关键词：搭载 TCN 网络＋应用网络冗余技术＋应用导向安全技术＋应用以太网技术＋应用车地无线传输技术＋应用远程监控技术＋应用中国高速列车运行控制系统（CTCS-2、CTCS-3）

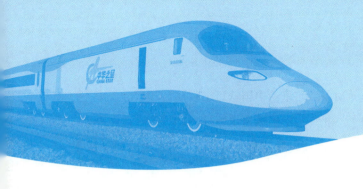

第一章

[1]　刘志红，王利辉. 交通基础设施的区域经济效应与影响机制研究——来自郑西高铁沿线的证据 [J]. 经济科学，2017（2）：32-46.

[2]　姜博，初楠臣，修春亮，等. 高速铁路对欠发达地区可达性影响的空间差异——以哈大与郑西高铁为例 [J]. 人文地理，2017，32（2）：88-94.

[3]　王争鸣. 西安至成都高速铁路设计创新技术综述 [J]. 铁道标准设计，2018，62（1）：1-5.

[4]　孔令章，白洋，李晓东. 高铁对欠发达地区可达性及经济联系的空间影响——以兰新高铁为例 [J]. 地域研究与开发，2020，39（5）：19-35.

[5]　唐雄俊，肖明清，焦齐柱，等. 甬舟铁路金塘海底隧道总体设计与关键技术研究 [J]. 铁道标准设计，2021，65（10）：20-25.

[6]　张建. 杭州湾跨海铁路大桥总体设计与关键技术研究 [J]. 铁道工程学报，2022，39（10）：7-12.

[7]　屈建军，王涛，牛清河，等. 兰新高铁戈壁特大风区风沙灾害形成机理及防沙技术 [J]. 中国科学：地球科学，2023，53（2）：277-286.

[8]　张馨月. 高速铁路对中国区域经济空间格局的影响研究 [D]. 长春：吉林大学，2021.

第二章

［1］ 卢春房. 中国高速列车［M］. 北京：中国铁道出版社，2017.

［2］ 傅志寰. 我的情结［M］. 北京：中国铁道出版社，2017.

［3］ 刘涟清，蒲琪，孙章. 中国高铁发展战略［M］. 上海：上海科学技术文献出版社，2019.

［4］ 吕铁. 中国高铁技术赶超：制度激励与能力构建［M］. 北京：中国社会科学出版社，2022.

［5］ 傅志寰，蔡庆华. 中国高铁零的突破——秦沈客运专线建设回顾［M］. 北京：人民交通出版社，2023.

［6］ 吕铁，贺俊. 如何理解中国高铁技术赶超与主流经济学基本命题的"反差"[J]. 学术月刊，2017，49（11）：49-57.

［7］ 吕铁，贺俊. 从中国高铁经验看产业政策和部门创新体系的动态有效性 [J]. 学习与探索，2018（1）：86-92.

［8］ 贺俊，吕铁，黄阳华，等. 技术赶超的激励结构与能力积累：中国高铁经验及其政策启示 [J]. 管理世界，2018，34（10）：191-207.

［9］ 陈杰，何云庵. 试论中国高铁话语体系的四重建构 [J]. 西南交通大学学报（社会科学版），2018，19（6）：9-17.

［10］ 路风. 冲破迷雾——揭开中国高铁技术进步之源 [J]. 管理世界，2019，35（9）：164-194.

［11］ 刘云，桂秉修，马志云，等. 国家重大工程背景下的颠覆性创新模式探究 [J]. 科学学研究，2019，37（10）：1864-1873.

［12］黄阳华，吕铁. 深化体制改革中的产业创新体系演进——以中国高铁技术赶超为例 [J]. 中国社会科学，2020（5）：65-85.

［13］ 孟捷，张梓彬. 建构性市场、政府内竞争与中国高铁的自主创新——基于社会主义政治经济学视角的阐释 [J]. 经济学动态，2023（4）：13-29.

［14］ 刘蕊. 中国高铁产业关键设备及零部件全球价值链地位研究 [D]. 沈阳：辽宁大学，2020.

［15］ 耿智. 中国集成电路产业技术赶超与政策匹配研究 [D]. 桂林：广西师范大学，2020.

［16］ 黄欣. 中国高铁开通对 FDI 流入的影响评估 [D]. 成都：西南财经大学，2021.

第三章

［1］ 卢春房. 中国高速列车［M］. 北京：中国铁道出版社，2017.

［2］ 高铁见闻. 大国速度：中国高铁崛起之路［M］. 长沙：湖南科学技术出版社，2017.

［3］ 钱桂枫，蔡申夫，张骏，等. 走近中国高铁［M］. 上海：上海科学技术文献出版社，2019.

［4］ 刘云，桂秉修，马志云，等. 国家重大工程背景下的颠覆性创新模式探究 [J]. 科学学研究，2019，37（10）：1864-1873.

［5］ 周丰，孙洪涛. 新时代背景下中长期规划高速铁路网适应性探讨 [J]. 铁道标准设计，2019，63（11）：30-34.

［6］ 吴欣桐，梅亮，陈劲. 建构"整合式创新"：来自中国高铁的启示 [J]. 科学学与科学技术管理，2020，41（1）：66-82.

［7］ 朱彦，尹振坤，张国芹，等. 复兴号动车组智能技术创新应用及展望 [J]. 城市轨道交通研究，2022，25（2）：1-4.

第四章

［1］ 夏征农，陈至立. 大辞海·交通卷［M］. 上海：上海辞书出版社，2015.

［2］ 梁建英，杨中平，张济民. 高速列车［M］. 上海：上海科学技术文献出版社，2019.

［3］ 李政，任妍. 中国高铁产业赶超型自主创新模式与成功因素 [J]. 社会科学辑刊，2015（2）：85-91.

［4］ 卢春房. 中国高速铁路的技术特点 [J]. 科技导报，2015，33（18）：13-19.

［5］ 秦勇，林帅，李宛瞳，等. 高速列车系统安全可靠性分析评估方法研究 [J]. 机车电传动，2016（1）：6-13.

［6］ 刘丽，尹进田，勒国庆，等. 高速列车牵引传动控制系统仿真实现 [J]. 电气传动自动化，2017，39（2）：12-15.

［7］ 林晓言，张爱萍，郝亚平. 中国高铁技术创新三螺旋理论研究 [J]. 北京交通大学学报（社会科学版），2017，16（2）：22-33.

［8］ 周东华，纪洪泉，何潇. 高速列车信息控制系统的故障诊断技术 [J]. 自动化学报，2018，44（7）：1153-1164.

［9］ 贺俊，吕铁，黄阳华，等. 技术赶超的激励结构与能力积累：中国高铁经验及其政策启示 [J]. 管理世界，2018，34（10）：191-207.

［10］ 刘云，桂秉修，马志云，等. 国家重大工程背景下的颠覆性创新模式探究 [J]. 科学学研究，2019，37（10）：1864-1873.

［11］ 莫晃锐，安翼，刘青泉. 高速列车车体长度对气动噪声影响的数值研究 [J]. 力学学报，2019，51（5）：1310-1320.

［12］ 高卿，周翠. 高速铁路 CRTS 系列板式无砟轨道综合性能对比分析 [J]. 山东农业大学学报（自然科学版），2019，50（2）：236-239.

［13］ 林晓言，王梓利. 中国高铁全球价值链治理位势提升的理论与举措 [J]. 当代经济管理，2020，42（5）：15-25.

［14］ 杨辉，刘俊辉，谭畅. 高速列车自适应制动控制 [J]. 计算机仿真，2021，38（11）：138-142.

［15］ 满勇，刘颖琦. 高铁列车技术创新演进研究：中日两国的对比 [J]. 中国科技论坛，2021（1）：176-188.

［16］ 熊嘉阳，沈志云. 中国高速铁路的崛起和今后的发展 [J]. 交通运输工程学报，2021，21（5）：6-29.

［17］ 夏博文. 基于预测控制的高速列车节能运行控制研究 [D]. 阜新：辽宁工程技术大学，2018.

［18］ 姜明宜. 高铁产业及其关联效应研究 [D]. 北京：北京交通大学，2019.

［19］ 李宜航. 技术引进维度下中国高铁创新过程绩效评价研究 [D]. 北京：北

京交通大学，2020.

［20］ 刘蕊. 中国高铁产业关键设备及零部件全球价值链地位研究 [D]. 沈阳：
辽宁大学，2020.

［21］ 殷璐. 基于扰动观测器的高速列车建模与非线性速度跟踪控制 [D]. 长春：
吉林大学，2022.

第五章

［1］ 赵国堂. 中国高速铁路通用建造技术研究及应用 [J]. 铁道学报，2019，
41（1）：87-100.

［2］ 庄河，李文新，殷勇，等. 高速铁路与既有线调度指挥协同性分析 [J].
西南交通大学学报，2018，53（3）：467-473.

［3］ 史天运. 中国高速铁路信息化现状及智能化发展 [J]. 科技导报，2019，
37（6）：53-59.

［4］ 孙章. 高铁智能化——中国铁路又出发 [J]. 城市轨道交通研究，2020，
23（2）：148-149.

［5］ 孟凡帅，刘小霞，张蒙蒙. 高速动车组客室内装的防火性能研究 [J]. 消
防科学与技术，2020，39（3）：404-407.

［6］ 我国智能高铁顶层规划设计取得重要成果 [J]. 城市轨道交通研究，
2020，23（2）：102.

［7］ 肖宇麒. 高铁司机室智能化发展的研究 [J]. 电子技术与软件工程，2021
（10）：25-27.

［8］ 林鹏，姚刚，罗剑岚，等. 气密载荷下高铁司机室结构强度分析及优
化 [J]. 复合材料科学与工程，2021（1）：107-111.

［9］ 李红侠. 京张高速铁路智能化技术应用进展 [J]. 铁道标准设计，2021，65（5）：
158-161. [2023-09-14]. DOI：10.13238/j. issn.1004-2954.202007030008.

［10］ 尹少博. 轨道列车牵引感应电机无速度传感器控制策略研究 [D]. 北京：
北京交通大学，2020.

［11］ 曹中浩. 城市交通行业突发事件仿真与应急处置评估研究 [D]. 北京：北

京建筑大学，2022.

［12］ 李文新. 面向总体运能提升的区域多制式轨道交通系统协同运输方法研究 [D]. 成都：西南交通大学，2021.

［13］ 赵闻强. 高速铁路无砟轨道层间界面经时损伤演化机理研究 [D]. 北京：北京交通大学，2021.

第六章

［1］ 梁建英,杨中平,张济民. 高速列车［M］.上海:上海科学技术文献出版社，2019.

［2］ 张明锐，张永健，王靖满，等. 高铁牵引供电系统［M］. 上海：上海科学技术文献出版社，2019.

［3］ 钱清泉，高仕斌，何正友，等. 中国高速铁路牵引供电关键技术 [J]. 中国工程科学，2015，17（4）：9-20.

［4］ 刘建强，郭怀龙，杜会谦，等. CRH3 型动车组辅助供电系统可靠性研究 [J]. 铁道学报，2015，37（11）：44-51.

［5］ 李明，刘斌，张亮. 高速列车头型气动外形关键结构参数优化设计 [J]. 机械工程学报，2016，52（20）：120-125.

［6］ 卢耀辉，冯振，曾京，等. 高速列车车体动应力分析方法及寿命预测研究 [J]. 铁道学报，2016，38（9）：31-37.

［7］ 陈美霞，邵国栋，张军贤. 列车综合网络控制系统一体化设计研究 [J]. 城市轨道交通研究，2016，19（1）：74-84.

［8］ 陆冀宁,徐伯初,支锦亦,等.高速列车头型的意象仿生设计 [J].机械设计，2017，34（9）：106-110.

［9］ 闫永蚕，汤洲，高楠，等. 基于空气动力学的高速列车造型设计研究进展 [J]. 机械设计，2017，34（6）：105-112.

［10］ 高月华，石晓飞，谢素明，等. 高速列车车体的灵敏度分析及轻量化设计 [J]. 铁道科学与工程学报，2017，14（5）：885-891.

［11］ 宁滨，刘朝英. 中国轨道交通列车运行控制技术及应用 [J]. 铁道学报，

2017, 39（2）: 1-9.

［12］ 韩利锋. 中国铁路列控系统技术及发展趋势探讨 [J]. 铁路通信信号工程技术, 2018, 15（10）: 96-100.

［13］ 邱利伟, 王金, 支锦亦, 等. 400km/h 高速动车组列车气动外形设计选型 [J]. 机械设计, 2019, 36（6）: 139-144.

［14］ 王安国, 杨梁崇, 屈升. 兰新客专高速列车转向架蛇行运动稳定性及影响研究 [J]. 铁道机车车辆, 2019, 39（1）: 27-31.

［15］ 杨超, 彭涛, 阳春华, 等. 高速列车牵引传动系统故障测试与验证仿真平台研究 [J]. 自动化学报, 2019, 45（12）: 2218-2232.

［16］ 李和平, 严霄蕙.70 年来我国铁路机车车辆制动技术的发展历程（续）[J]. 铁道机车车辆, 2019, 39（6）: 16-31.

［17］ 熊艳, 黄赫, 李思源, 等. 基于以太网的高速列车控制系统研究 [J]. 机车电传动, 2019（04）: 41-44.

［18］ 徐效宁, 李辉, 王菲, 等. 基于 CTCS-3 级列控系统的高速铁路移动闭塞实现 [J]. 铁道标准设计, 2019, 63（10）: 159-164.

［19］ 黄康, 应志鹏, 苗义烽. 高速铁路行车调度技术发展历程及展望 [J]. 铁道通信信号, 2019, 55（S1）: 103-108.

［20］ 张亚禹, 孙守光, 杨广雪, 等. 高速列车转向架构架载荷特征及疲劳损伤评估 [J]. 机械工程学报, 2020, 56（10）: 163-171.

［21］ 封海舰, 白锡彬. 京张高铁智能辅助监控系统应用 [J]. 铁道工程学报, 2020, 37（7）: 95-99.

［22］ 高德步, 王庆. 产业创新系统视角下的中国高铁技术创新研究 [J]. 科技管理研究, 2020, 40（12）: 1-9.

［23］ 钟业喜, 郭卫东. 中国高铁网络结构特征及其组织模式 [J]. 地理科学, 2020, 40（1）: 79-88.

［24］ 李显君, 熊昱, 冯堃. 中国高铁产业核心技术突破路径与机制 [J]. 科研管理, 2020, 41（10）: 1-10.

［25］ 谢绍兴, 辛志斌, 范钦磊, 等. 时速 160km "复兴号" 动车组控制车车

体总成工艺浅谈 [J]. 轨道交通装备与技术，2020（4）：1-3.

［26］陈杰，孙维光，郑伟，等. 高速列车几种车下设备悬挂参数设计方法对比分析 [J]. 机车电传动，2020（4）：103-107.

［27］刘晓光，蔡超勋，卢春房. 中国高速铁路线路工程技术创新与发展 [J]. 高速铁路技术，2020，11（2）：1-17.

［28］丁叁叁，陈大伟，刘加利. 中国高速列车研发与展望 [J]. 力学学报，2021，53（1）：35-50.

［29］孙振旭，姚永芳，郭迪龙，等. 高速列车气动外形优化研究进展 [J]. 力学学报，2021，53（1）：51-74.

［30］姬程翔，孙守光，杨广雪，等. 高速列车转向架构架扭转载荷特征研究 [J]. 机械工程学报，2021，57（2）：147-157.

［31］王东伟，吴霄，项载毓，等. 高速列车盘形制动系统热机耦合特性分析 [J]. 西南交通大学学报，2021，56（2）：428-436.

［32］左建勇，刘寅虎，丁景贤，等. 高速列车制动系统故障识别与诊断维护 [J]. 铁道机车车辆，2021，41（5）：156-162.

［33］王乐卿，高广军，吴雨薇，等. 高速列车车身风阻制动板气动外形设计 [J]. 中南大学学报（自然科学版），2022，53（5）：1655-1667.

［34］韩铁礼，邓琪云，王凯，等. 基于车内噪声控制目标的 400 km/h 高速列车车体隔声分配设计研究 [J]. 铁道车辆，2022，60（5）：14-20.

［35］朱剑月，程冠达，陈力，等. 高速列车排障器底部后端扰流对转向架区域流场与气动噪声特性的影响 [J]. 中国铁道科学，2022，43（6）：119-130.

［36］李怡，牛文洁，姬鹏. 高速列车头型的谱系化预测与设计 [J]. 包装工程，2023，44（16）：188-197.

［37］钟麦英，王钦，彭涛，等. 高速列车牵引传动系统运行状态监测技术综述 [J]. 山东科技大学学报（自然科学版），2023，42（2）：88-97.

［38］张晓晋，黄根生，张顺广，等. 以太网控车模式中高速动车组列车网络控制与制动系统接口分析 [J]. 铁道机车车辆，2023，43（2）：110-115.

［39］ 张永凯，汤庆园. 我国高铁技术创新模式演化路径分析 [J]. 世界地理研究，2023，32（4）：63-71.

［40］ 李秋泽，单巍，张英春，等. 中国高速动车组转向架技术发展及展望 [J]. 机车电传动，2023（2）：14-35.

［41］ 熊嘉阳，沈志云. 中国高铁永葆工程领跑 [J]. 西南交通大学学报，2023，58（4）：711-719.

［42］ 刘蕊. 中国高铁产业关键设备及零部件全球价值链地位研究 [D]. 沈阳：辽宁大学，2020.

［43］ 周开磊. 异常轮轨关系与气动载荷对高速列车动力学性能影响研究 [D]. 成都：西南交通大学，2021.

［44］ 武振锋. 高速列车仿生头型优化设计与明线气动特性研究 [D]. 兰州：兰州交通大学，2022.